首里城地下

第32軍司令部壕

その保存・公開・活用を考える

元公立小学校教員・牛島満第32軍司令官の孫
牛島貞満

高文研

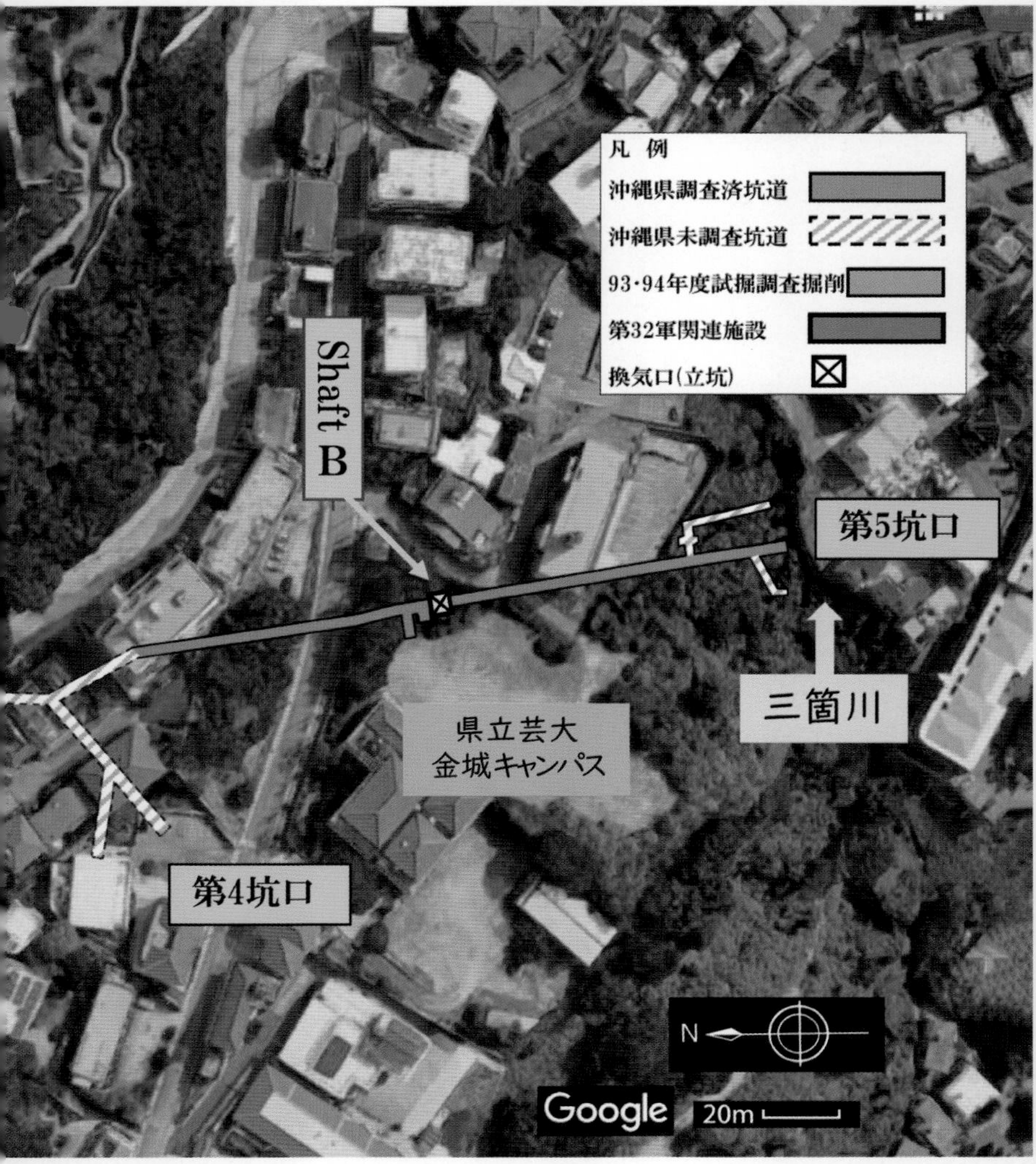

凡 例
沖縄県調査済坑道
沖縄県未調査坑道
93・94年度試掘調査掘削
第32軍関連施設
換気口(立坑)
Shaft B
第5坑口
三箇川
県立芸大
金城キャンパス
第4坑口
N
Google
20m

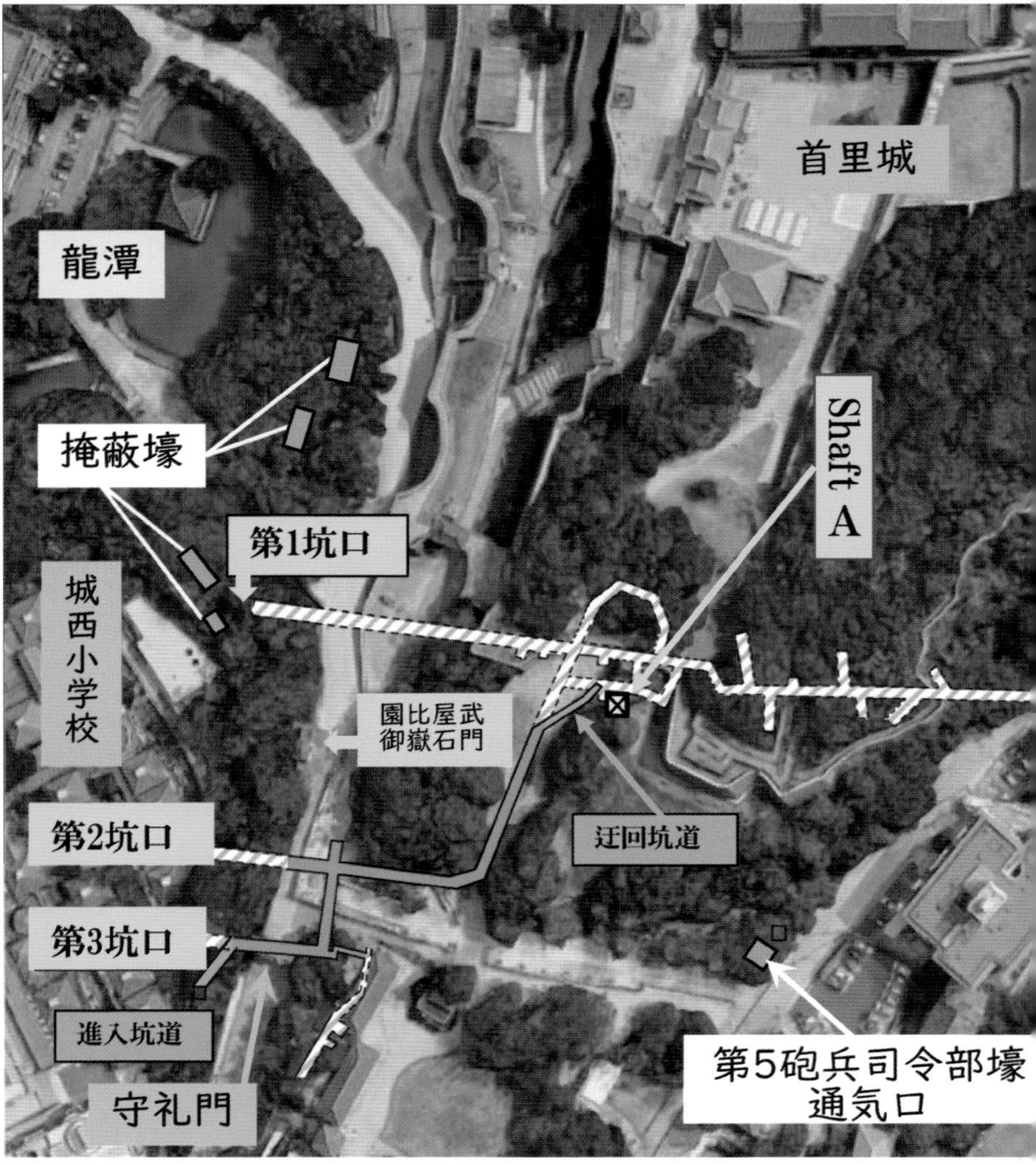

口絵A　第32軍首里司令部壕平面図と航空写真
沖縄県旧第32軍司令部壕試掘調査業務（Ⅱ期）

坑道の全長は、枝坑道も入れると約1050mで、壕内には約1000人がいたとされる。 炊事場、便所、浴場などがあり、発電機が設置され、1日中明々と電球が灯っていた。 首里司令部の断面図と坑道図は、旧第32軍司令部壕試掘調査業務（II期）報告書 (1995年3月・日本工営)」を基に、国土地理院地形図及びGoogle mapを参考にして、作成した。

同配置図は、米第10軍情報報告書「Intelligence　Monograph」と「天ノ巌戸戦闘司令所配置要図(1945年4、5月)を参考に、部署の名前もなるべく当時の呼び方に近いと思われるものを採用した。資料によって様々な呼称があり、また時期によって部署の配置が変更され、詳細が不明な点も多い。南部撤退前の1945年5月中旬を想定して、作成した。

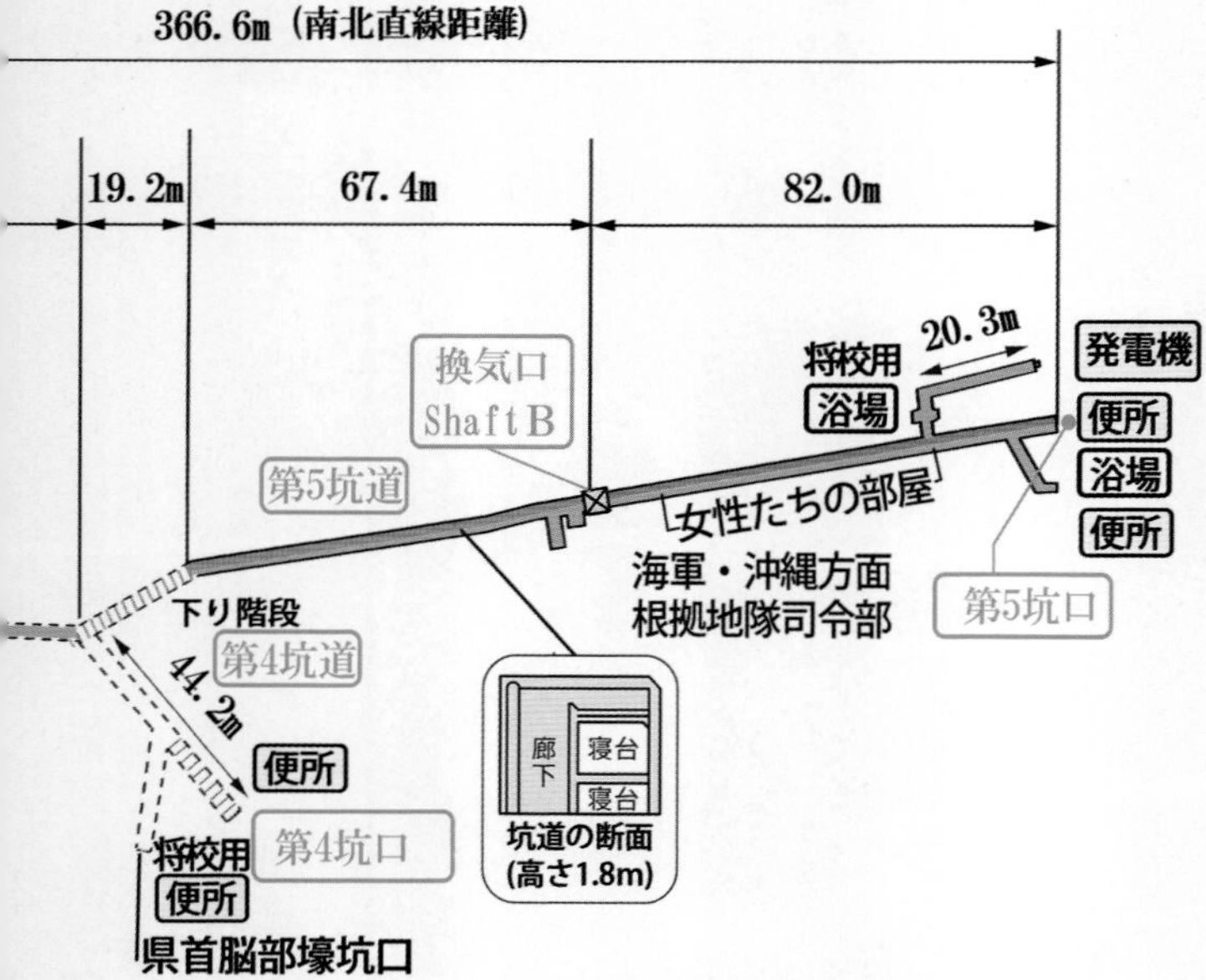

沖縄県と米軍の坑道調査の比較

沖縄県 約 300m　1993.94年度沖縄県調査済　1050m(全坑道)の28.6%

米　軍 約 885m　1945年度米軍調査済　1050m(全坑道)の84.3%

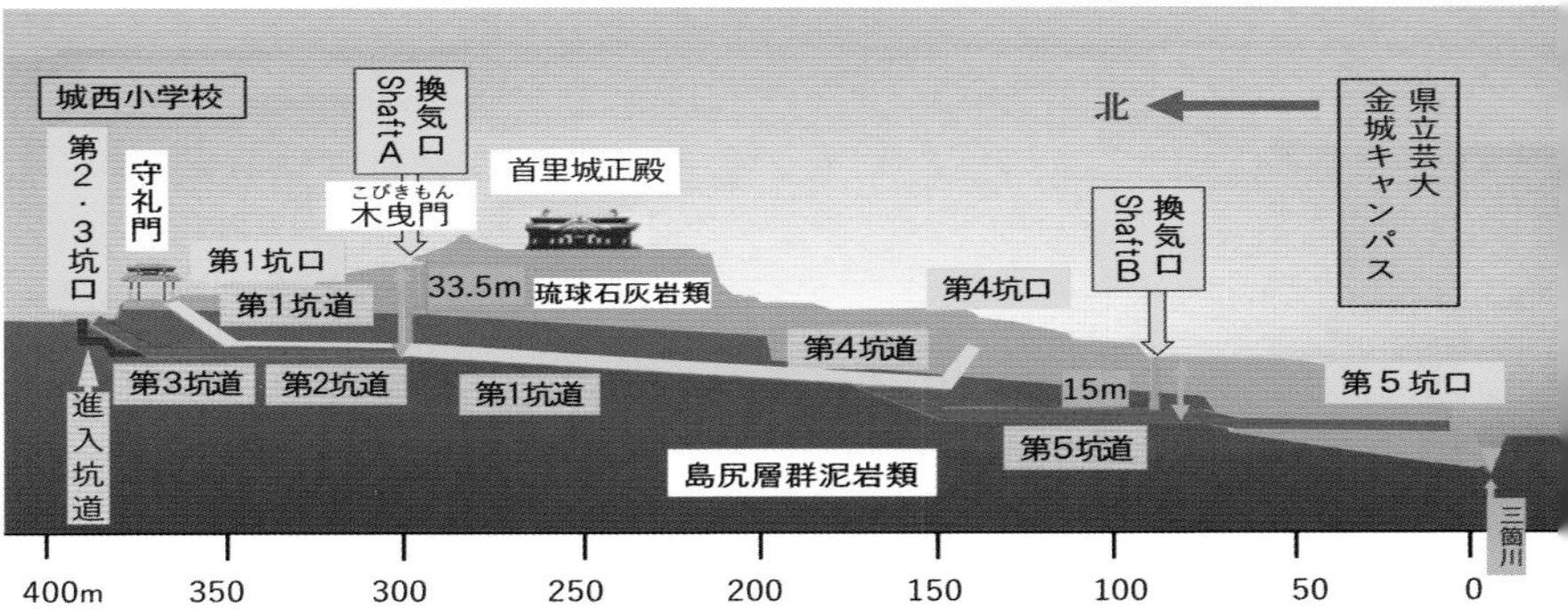

口絵Ｂ　第32軍首里司令部断面図

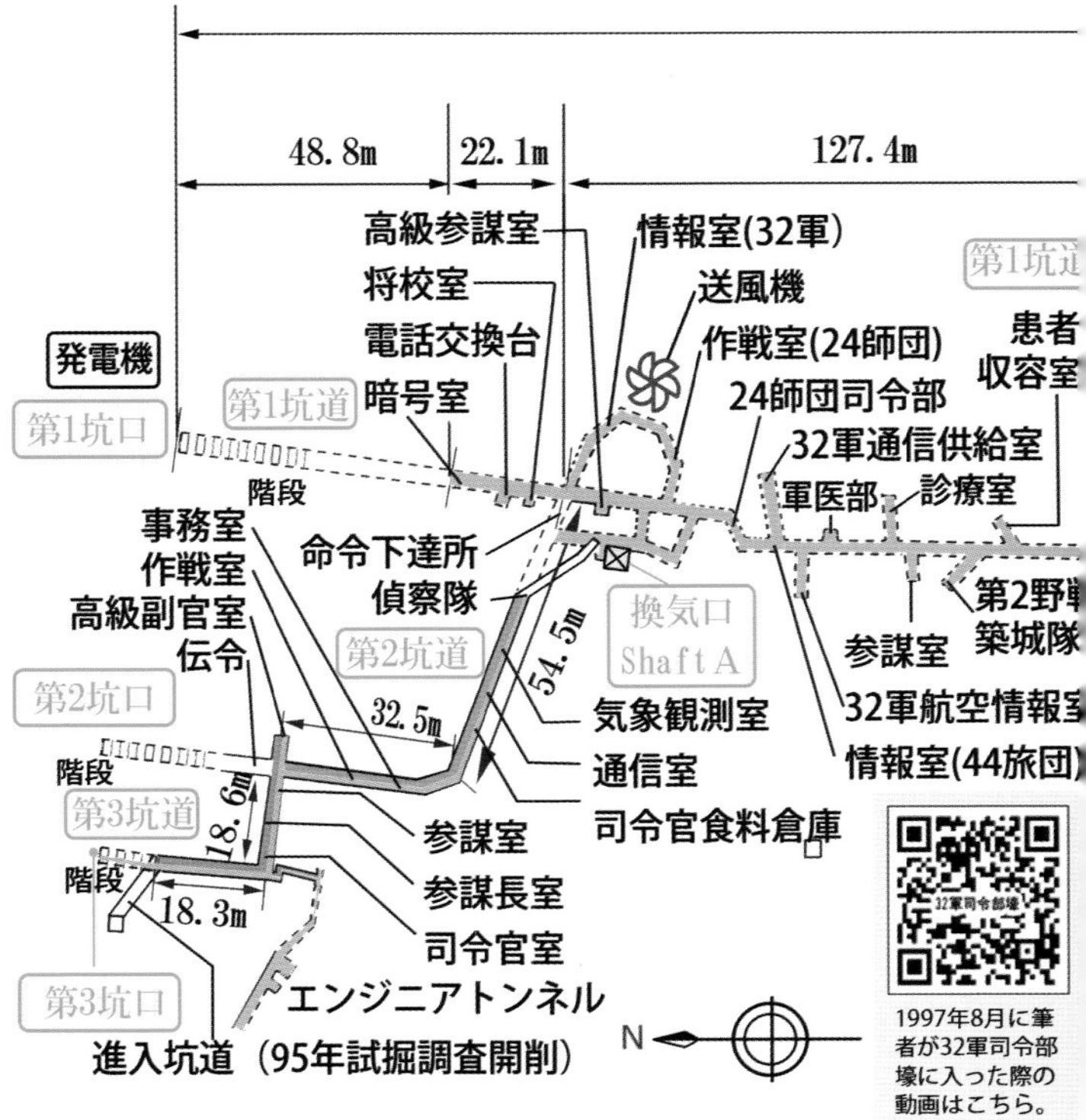

口絵Ｃ　第32軍首里司令部配置図

沖縄県旧第32軍司令部壕試掘調査業務（Ⅱ期）より作成

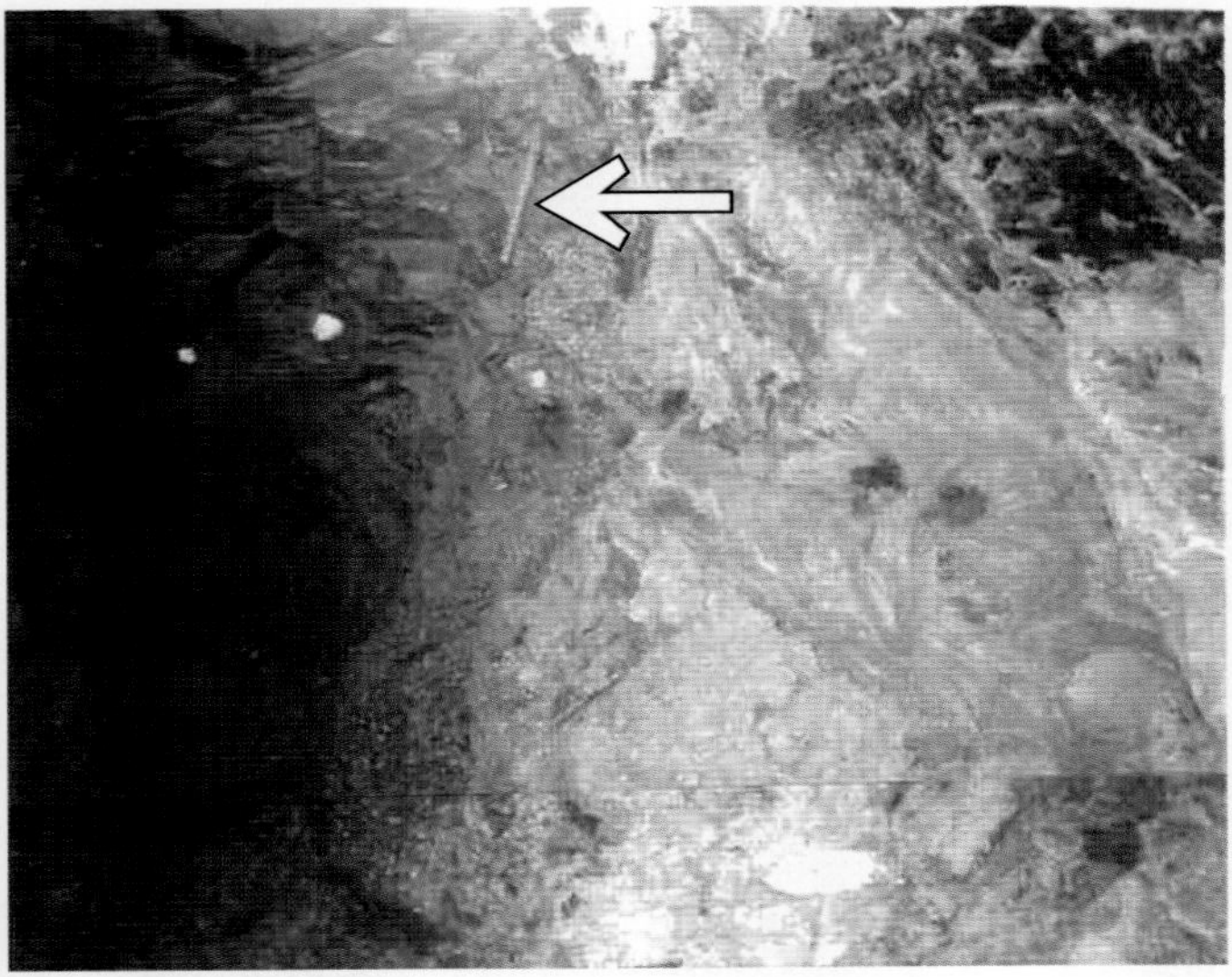

口絵D　第1坑道近くの内部写真　95年3月、試掘調査時に掘った迂回坑道と第1坑道枝坑の接合部。第1坑道まであと6m地点。正面上部に鉄筋が出土（矢印）。Ⅱ期報告書より

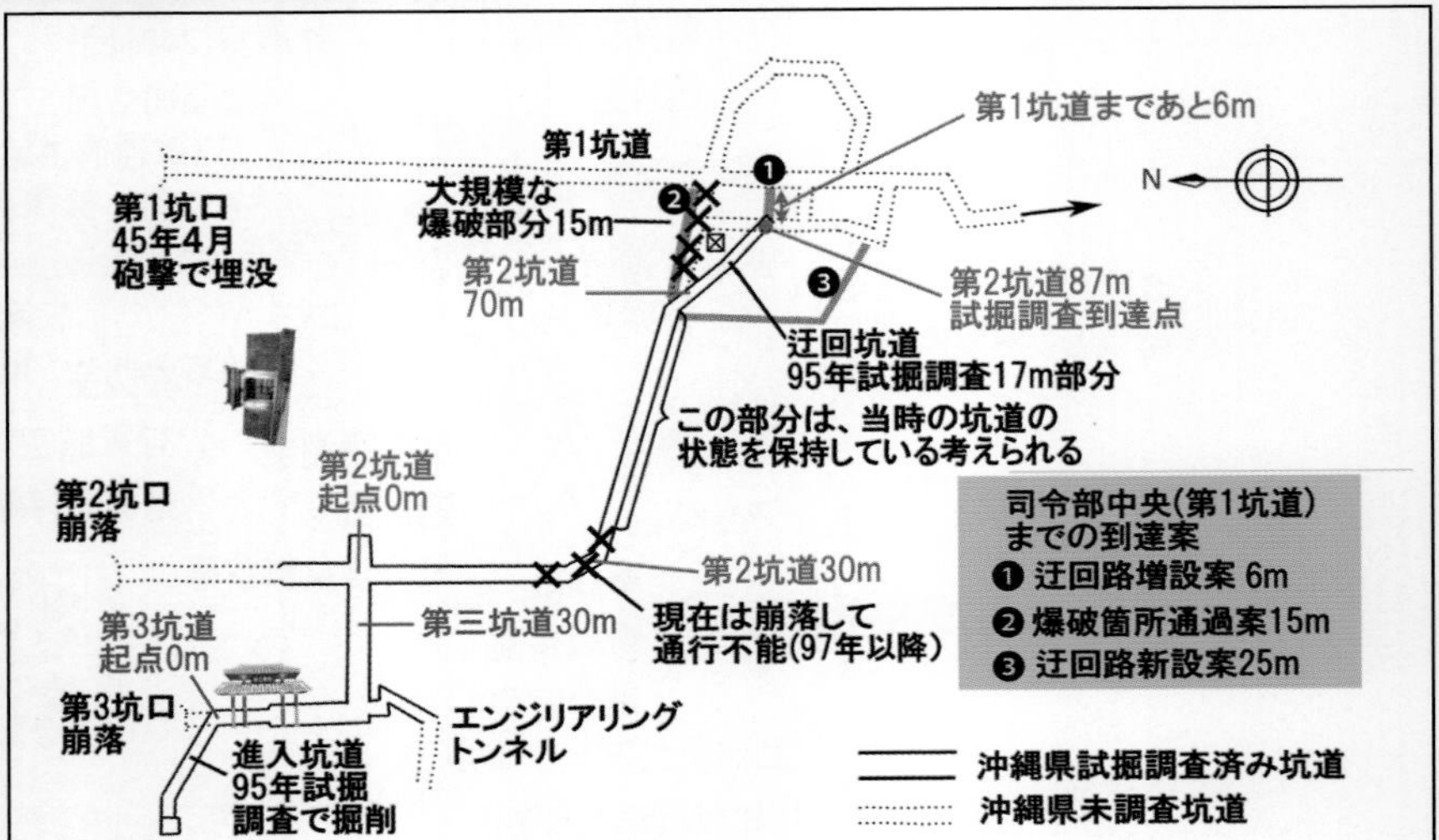

口絵E　第32軍首里司令部中枢拡大図
沖縄県旧第32軍司令部壕試掘調査業務（Ⅱ期）報告書より作成

口絵F　第32軍摩文仁司令部壕と航空写真（坑道は、2006年8月の簡易測量に基づいて記入）

口絵G　沖縄島南端、摩文仁の丘を北から見る（ドローン撮影　桑村ヒロシ氏2017年6月）

沖縄タイムス　2005年(平成17年)　6月21日　火曜日　1版

祖父の姿通し　沖縄戦考えた

牛島中将の孫・貞満さん平和授業

豊見城市内

沖縄を初めて訪れたのは一九九四年。祖父・牛島満中将は第三二軍司令官だった。沖縄戦で県民十万人余を含め、日米二十万人余が犠牲になった。祖父のことを考えると「一度訪れるだけで終わり」と思っていた沖縄。二十日、東京都の小学校教師、牛島貞満さん(五一)は祖父と沖縄戦をテーマに平和を学ぶ授業をした。「なぜ住民犠牲が出る南部撤退を指示したか」。子どもたちに平和を伝える教師そして遺族。二つの立場で思い悩みながらこの十年、祖父と向かい合い、平和を伝える言葉を探してきた。

豊見城市立長嶺小学校六年一組。牛島さんは沖縄戦の経過を説明。米軍が首里に迫った時、「南部撤退」「首里決戦」と、どうすべきだったかを質問した。多数の子どもたちは「住民の犠牲が多くなるから」と「首里決戦」で戦争を終えることを選んだ。

しかし軍は南部へ撤退。住民は激しい戦闘に巻き込まれた。「おばあさんは戦争のことは悲しくて思い出したくないと泣いていた」。子どもたちは祖父母の言葉を伝える。

授業の後半では、一人の人間として牛島満を見つめる。祖父を知る人が語った「軍人よりは教育者的」「怒らない優しい人」。一方、子どもたちからは住民を巻き込んだことに対し「ひどい」「無責任」と批判が出る。

家族としての祖父と軍人としての祖父。「子どもたちが感じるギャップを私も同じように感じている。どうしてそういう風なことになったのか」

「沖縄の子どもたちは、身近に戦争の傷が残り、祖父母を苦しめた沖縄戦がある。あえて結論はつけない。学校という場で、皆で考えることが大事だと思う。それは自分も同じです」

遠ざけていた沖縄。東京の勤務校で、二〇〇二年に沖縄戦の授業をした。沖縄で昨年に続き二度目。「沖縄の人は、(祖父の)孫として責任を追及できるはずだ。でも出会った人たちは私が自分で答えを見つけられるよう支えてくれた」。そして「訪れざるを得なくなった」。

子どもたちの言葉にはっとさせられる。沖縄戦体験者から疑問をぶつけられる。きつい言葉もある。しかし、「僕は、沖縄に来るのが嫌だったのは、そういうことを聞かれても、どうしていいかわからない自分が嫌だったからだと思う。でも今は、沖縄の人と一緒に考えていきたい」。

「時間はかかったが、自分の沖縄戦に対しての立場ははっきりしている。沖縄戦を美化したり、利用していこうという動きを警戒しないといけない」

これまで二十年間余、障害のある子もない子も一緒に教育を受ける統合教育に取り組んできた。「一人ひとりの思いや人権を大事にすることが大事。戦争が起こったら、子どもが真っ先に被害を受ける」。沖縄戦の平和学習に取り組み始めて、今あらためて思う。

「私の名前は祖父の名前から一文字をもらっています」と話す牛島貞満さん＝豊見城市立長嶺小学校

口絵H　「牛島満と沖縄戦」の授業を伝える新聞記事　沖縄タイムス2005年6月21日　沖縄県豊見城市長嶺小学校での授業※紙面は横長の記事。文章、見出し、本文、写真は変えないでレイアウトを変更した（沖縄タイムス社提供）

❂——はじめに

私の祖父は、76年前の沖縄戦の第32軍（沖縄守備隊）司令官・牛島満である。

２０１９年の10月31日午前6時頃、私は妻の「大変！　首里城《しゅり》が燃えているよ」の声に叩き起こされた。テレビの全国ニュースは、炎上する首里城正殿《せいでん》、焼失を悲しむ若者の姿や、世代を超えた復興への願いを伝えていた。

年が変わって「第32軍司令部壕保存・公開を求める会」の垣花豊順《かきのはなほうじゅん》さんから、突然に沖縄で計画されている学習会の講師依頼の電話がかかってきた。20年３月に発足して「首里城に関心が集まる今こそ、平和の拠点として司令部壕を保存・公開すべきだ」と活動をされていて、運動は次第に広がりつつあるという。

これまで細々と自分なりに調べてきてはいたし、１９９７年には実際に司令部壕の中に入ったこともあるので、少しは壕内のこともお話しできるかと思い、二つ返事で講師依頼をお引き受けした。

＊

76年前、「捨て石」にされた沖縄、住民を盾にした沖縄戦と言われるが、そもそも沖縄戦はどんな戦争だったのか、いつ終わったのか？　なぜ軍人より住民の死者が多くなったのか……。これらの問いに根拠をもって答えられる日本人はどれくらいいるだろうか。アジア太平洋戦争で日本国内での最大で最後の地上戦について、私たちはどれだけ真摯に向き合ってきたのだろうか。

日本では、毎年8月には歴代の首相や天皇が、アジア太平洋戦争について「戦争の惨禍を、二度と繰り返さない」「深い反省」などの言葉を繰り返し述べている。6月の沖縄慰霊の日の首相あいさつも同様で、被害にあったアジアの国の人々や沖縄県民に対する「本気度（謝罪・反省）」が見えてこない。過去の戦争と過ちを具体的に学ぶ施設の必要性を痛感する。

沖縄県外では、沖縄に心を寄せる人々の中でも、沖縄戦を指揮した司令部が地下に眠っていることを知っている方は多くないだろう。

もし首里城消失がなかったならば、地下の司令部壕の公開について今と別の展開になっていたかもしれない。

いまだに沖縄戦についても第32軍司令部壕についても、分からなことだらけであるが、地上の首里城の復興計画が進む中、地下の第32軍司令部壕にもスポットが当たるようになってきた今が、保存、公開に向けての最後のチャンスになるのではないか——。沖縄県も動き出している。

調べは途中であるが、過去の戦争とその過ちを学ぶ戦争遺跡・学習施設として、司令部壕の保存・公開・活用に少しでも役立つことを願い、中間報告として読者と共有したいと思う。

2021年10月

牛島　貞満

◆—もくじ

Ⅲ章　首里城と第32軍首里司令部壕——現状を知る上で重要な二つの調査

Ⅳ章　第32軍首里司令部壕――保存・公開・活用の意義と提案

巻末資料

装丁＝商業デザインセンター・増田絵里

【読者の皆様へ】

◆主に戦前の古い文章などは、漢字カタカナ混じり文はカタカナをひらがなに、旧漢字は新漢字に直し、必要に応じて、句点と読点を追加して読みやすくしています。

◆新聞、書籍からの引用文に出てくる人物の年齢や肩書きは、紙誌面に掲載当時のままとしています。

◆私がインタビューや取材した方々の年齢や肩書きも、原則的に取材当時のままとしています。

◆執筆にあたっては多くの方にご協力をいただきました。

特に首里城周辺の第32軍関連施設については、沖縄県平和祈念資料館友の会事務局長・仲村真氏に情報及び写真を提供いただきました。

また、米軍情報報告書などの英文資料の写真及び図については、「第32軍司令部壕の保存・公開を求める会」の会長・瀬名波榮喜氏（元名桜大学学長・専攻は英文学）に、翻訳及び監修でご協力いただきました。写真のキャプションはできるだけ、原文をそのまま表記し、出典と共に［ ］のカッコの中に和訳を掲載するようにしました。

著者

I章

沖縄との出会いと沖縄戦の授業

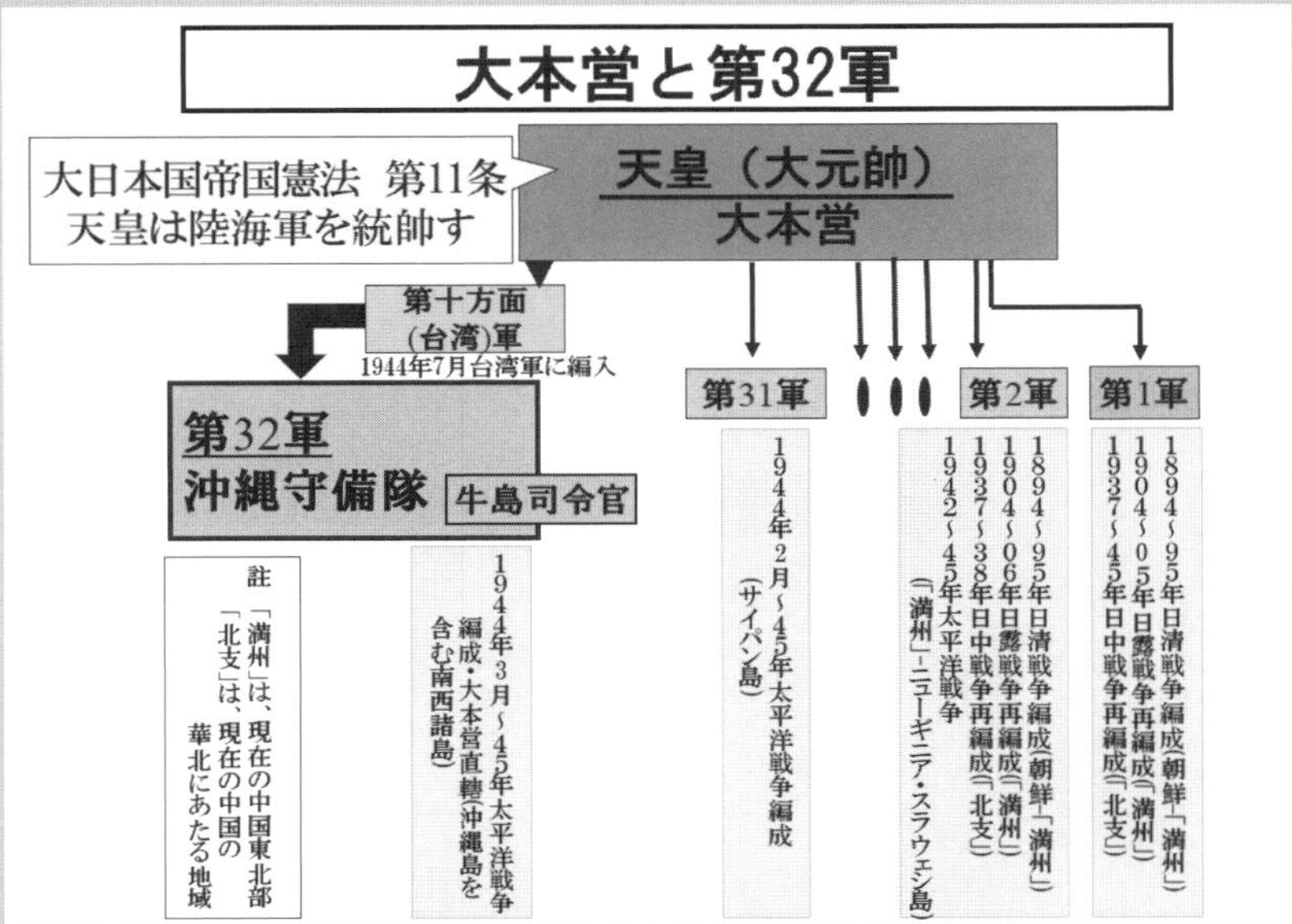

大本営と第32軍
大日本国帝国憲法　第11条
天皇は陸海軍を統帥す
天皇（大元帥）
大本営
第十方面(台湾)軍
1944年7月台湾軍に編入
第32軍
沖縄守備隊
牛島司令官
第31軍
第2軍
第1軍
1894～95年日清戦争編成(朝鮮-「満州」)
1904～05年日露戦争再編成(「満州」)
1937～45年日中戦争再編成(「北支」)
1894～95年日清戦争編成(朝鮮-「満州」)
1904～06年日露戦争再編成(「満州」)
1937～38年日中戦争再編成(「北支」)
1942～45年太平洋戦争
(「満州」-ニューギニア・スラウェシ島)
1944年2月～45年太平洋戦争編成
(サイパン島)
1944年3月～45年太平洋戦争
編成・大本営直轄(沖縄島を含む南西諸島)
註
「満州」は、現在の中国東北部
「北支」は、現在の中国の華北にあたる地域

1 私の沖縄との出会い

司令官として牛島満は、住民に多大な犠牲を強いた二つの命令を下している。一つは、沖縄戦開始から約2か月後の首里から南部への撤退命令であり、もう一つは自身の「自決」時の「最後まで敢闘し、悠久の大義に生くべし」という命令である。

私の「貞満」という名前は、元軍人であった父・貞二と祖父・満の名前から一字ずつもらったものだ。6月22日（Ⅱ章参照）の命日には中学1年生までは、毎年学校を休み、靖国神社に参拝をしていた。私にとって祖父牛島満のイメージは、小さな頃から見ていた軍服に勲章をつけ軍刀を持つ大きな額縁の中の写真がすべてであった（写真1）。物心がついた時から、「おじいさまは沖縄戦の軍司令官で立派な人だった」と家族から言われて育ったが、よく意味は分からなかった。

写真1　牛島満第32軍司令官

中学2年生になると反抗期から6月22日の慰霊祭には参列しなくなっていた。高校生の頃、日本軍が朝鮮や中国で行ってきたことを文献などで知った。家族から聞く「立派な牛島中将」の姿と、日本軍の侵略の事実は、なかなか結びつけることができなかった。

教員になってからは、沖縄にはぜひ行ってみたいという衝動と、祖父のことで沖縄の土を踏みがたいという気持ちがあって、決心がつかなかった。それは、自分なりには平和や人権を大切にする教育をしてきたつもりだったが、自分の祖父がやったことをどう思っているのかと、沖縄の人に問われたら何と答えればいいのか……、自分の中で整理がついていなかったからだった。

１９９４年の春、家族旅行と教材作りを兼ねて、同僚や友人と初めて沖縄に行った。沖縄県の宮古島の先にある周囲10キロの小さな島、池間島が目的地だった。同じ学年を組んだ若い同僚が池間島で学生時代に民俗学の調査をしていて、とても良いところだと熱心な誘いがあったからだ。民宿に泊まり、亜熱帯の気候と自然と共存するゆっくり進む時間の流れを満喫した。

私は気が進まなかったが、沖縄島に最終日の一日だけ行くことになった。県立平和祈念資料館（旧資料館）に立ち寄った。館内に入って目に飛び込んできたのは「最後まで敢闘し、悠久の大義に生くべし」という牛島司令官の最後の命令だった。少しは本などを読んで覚悟をしていたものの、この命令で「牛島司令官の自決が戦闘の終結ではなかった。この命令で最後の一兵まで玉砕する終わりのない戦闘になった」「十数万人の非戦闘員は砲煙弾雨《ほうえんだんう》の中に放置された」との解説に、どきっとした。

同じ94年の夏、教職員組合が主催した沖縄平和学習のツアーに自分の「沖縄」へのわだかまりにひと区切りつけられるのではないかと思い、参加することにした。

普天間基地を見下ろす嘉数《かかず》高台で、この日の案内人をしていた沖縄平和ネットワークの川満昭広さんに「参加者名簿に司令官と一字違いの人がいますが……」と言われ、やっぱり見つけられてしまったと思った。その日の夜、ホテルで自分が牛島中将の孫であることを川満さんに伝えたところ、とても驚かれた。そして、「自分でお祖父さんのことを調べることが大切です。お手伝いします」と言われた。

沖縄に来て一通り「平和学習」をすれば、一区切りつくと思っていたら、重たい宿題を背負わされてしまったというのが正直なところだった。以来、祖父の足跡を調べる作業が始まった。川満さんの人脈から様々な人に出会うことになる。

しばらくして、沖縄の写真家・石川真生《まお》さんから突然電話がかかってきた。海軍・沖縄方面根拠地隊司令官大田実少将の長男・大田英雄さんと対談をしないかというものであった。大田実司令官は「沖縄県民かく戦えり　県民に対し後世特別のご高配を賜《たまわ》らんことを」との海軍次官宛の有名な決別電報を打って自決した軍人で、沖縄戦を語る際に必ず話題に挙がり、祖父と比較されたり、混同されたりする人物である。大田英雄さんは、当時広島の高等学校の教員で、高校生の平和ゼミナール運動の中心で活躍されていた方であった。教員としても平和教育の分野でも大先輩であった。場所は、広島と東京の真ん中あたりでどうかということであったが、それは失礼にあたると思い、12月に広島に出向いた。

『沖縄と自衛隊』（高文研　１９９５年）という本の一節にその対談は載るのであるが、完成した本を読んでみるとひどく気恥ずかしさを覚えた。石川真生さん撮影の人を大切にする写真と被写体の人柄を等身大に描く文章で、自衛隊の実態を浮き彫りにするすぐれた本であった。ただ、その本のテーマと、大田さんと私の対談（と呼べる代物ではないが）がなぜ組み合わさったのかが、いまだによくわからない。

その対談で特に印象に残っているのは、私が南部撤退について「もしも、司令官として首里撤退をしないで、降伏もしくは玉砕をしていれば、県民の犠牲者は少なくなったはず」との意見をぶつけた。にわか知識で「南部撤退」について意見を述べたのが、意外な答えが返ってきた。大田さんは「それは今われわれがそう思うのであって、当時の情勢では、やはりそうならざるをえなかった。大本営を無視して、軍司令官といえどもそれはできなかったと思う。非情にならなければ戦えなかったと思う」と話された。

私は東京都の教員に採用された際に、最初に赴任する予定の小学校の教頭から、「閣下のお孫さんを本校の職員に迎えることはありがたいことです」との電話がかかってきた。何という学校に就職してしまったかと思った。1980年代はまだ、兵士としての戦争体験や陸軍幼年学校、少年航空兵などにあこがれをもって戦時中の生活をしていた先輩教員たちが少なからずいた。教職員組合の夏合宿などの懇親会になると、戦争体験なども話題になったりもした。

そうした時に「牛島」という苗字は、牛島司令官を連想させるようで、親族かどうかをよく聞かれた。熱心に戦争展の開催や平和教育の実践を行っている先輩から学ぶことはとても多かったが、そんな先輩から「牛島中将は立派だった」という話を聞くと、疑問が残った。過去の戦争の評価がこれでよいのかとも思ったが、具体的な反論はできなかった。「牛島閣下」の教頭と平和教育の先輩教員も、沖縄戦の司令官についての評価が似ていることが気になっていた。

そして、平和教育の先達である大田英雄さんにも「軍司令官といえどもそれ（南部撤退以外の選択）は、できなかったと思う」と指摘されて、祖父への評価の疑問はさらに深まった。

2 祖父の軌跡を追う

翌1995年の夏の終わりには、沖縄タイムスに寄稿した。一部を紹介する。

＊「平和の世に見極めたい 『敢闘』命令出した心」

1995年6月23日、私は沖縄にいた。東京では22日に身内の者や陸軍士官学校の教え子たちが集まり、靖国神社に参拝して「牛島満五十年祭」を行っていた。

私はどうしても23日は沖縄にいたくて、平和の礎の除幕式慰霊祭に参加した。

……今年の夏は、8月7日から15日までと、23日から26日までの13日間沖縄に滞在した。

この間沖縄戦について研究されている方や祖父を直接知っている方など10人以上の方々に会うことができ、少しずつ祖父の人となりが自分の中で見え始めた。

首里から摩文仁《まぶに》までの南部撤退の道をひとりで歩いた。10日と15日で合わせて15キロを暑さと道に迷ったこともあり、13時間もかかった。写真が撮れないので昼間歩いたが、思ったより起伏が激しく、なかなか厳しかった。やっとの思いで摩文仁の32軍の司令部壕に着いた。他府県から兵士として連れてこられた人は、同じように地理が分からなかっただろうし、住民にとっても砲弾の嵐と降りしきる雨のなかでは足場も悪く何十倍も大変だったことが想像できた。

今年の3月に、暖かい土地の暮らし「沖縄」(4年生)を総合学習として取り組んだ。学習は子どもにとって、おもしろいものでありたいと思っている。①教室の温度を3月の沖縄の気温まで上げ、どんな暮らしをしているか予想する。②サトウキビから砂糖を作る。③イカ墨汁を食べる。チンビンを作って食べる。④嘉手納基地の爆音を同じ大きさの音にして聞き、爆音被害を考える活動を中心にして授業を行った。朝の会で今日の沖縄の天気が紹介されたり、海開きのニュースが報告されたりした。

……6月23日、沖縄の「慰霊の日」について、東京の人間は、あるいは、他府県の人は、ほとんど知らない。新聞やテレビもニュースで、多少は扱うが、それは「沖縄での出来事」であって、自分たちとは関係のないこととして過ぎてしまっているようだ。ちょうど50年前、沖縄でどんなことが起こっていたのか、知らなかったように。

私は、写真や家族の話でしか祖父を知らない。口下手であまり多くを語らなかった心の内を知るのは難しいかもしれない。生前の祖父を知っている方から、話を聞くことで、祖父の考えを跡付けて見たいと思っている。協力いただける方がいましたら、ご連絡ください。

祖父をたどる仕事は始まったばかりであるが、出会った方々は、本当にいい方ばかりであった。気は重いが、また沖縄に行きたくなった。

【沖縄タイムス　1995年8月31日】

司令官牛島満は、心の中ではいろいろ考えながら、「南部撤退」「最後まで敢闘し」の命令を出したのだろう。その時、祖父がどのような情報を持ち、何を考え、結果として十数万人の県民を犠牲にした二つの命令を出したのかを知りたいと思った。それは、あの沖縄戦の悲劇を繰り返さないためにも、これから平和を生きる私たちにとって大事なことだと思うからである。

以来、この疑問を解くことが私のテーマになった。

3 授業──「牛島満と沖縄戦」

２００４年から、沖縄や東京で「牛島満と沖縄戦」という授業を小学生から高校生を対象に始めた。その後、大学生、市民へと広がってきている。

１９９４年以来、毎年沖縄に通い続けるようになり、そこで祖父・牛島満の足跡を調べることから、様々な方から沖縄戦についていろいろと教えていただくことになった。今の自分にできることは、そこで学んだことを授業を通して沖縄県以外の子どもや市民に伝えることではないかと思い始めたからであった。

授業の流れは以下の通り。

①二人の視点で沖縄戦を見る

沖縄戦の最中に人生を終えた二人の人物の名前を平和の礎から紹介する。

ひとり目は、沖縄戦については何の決定権もなく、ただ歴史の流れに翻弄され、かけがえのない０歳の命を終えてしまった屋宜《やぎ》和子さん。もうひとりは、軍司令官として、沖縄戦で誰よりも多くの権限を持っていた私の祖父・牛島満。東京生まれ、鹿児島県出身、当時57歳。沖縄守備隊（第32軍）の司令官で階級は陸軍中将。立場の対照的な二人のたどった運命から沖縄戦を見ていく。

②「鉄の暴風」――赤茶けた鉄の塊とビデオ証言（住民から見た沖縄戦）

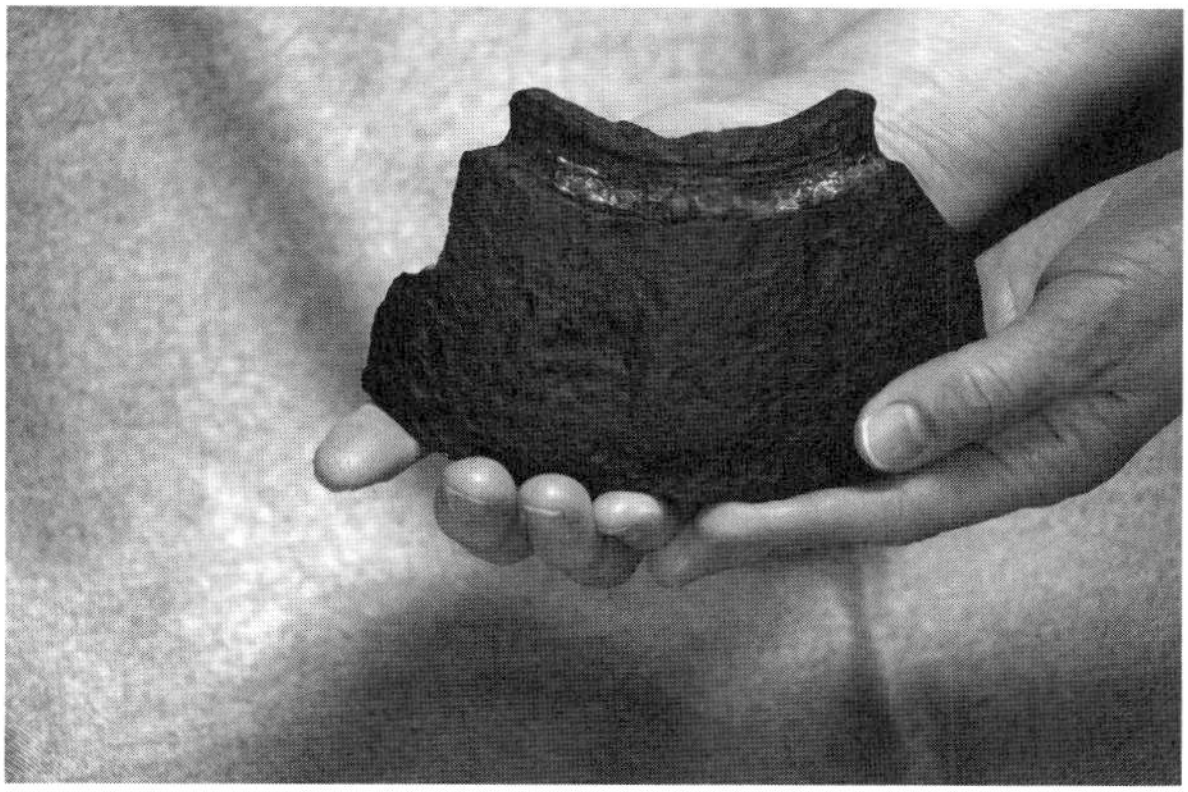

写真２　艦砲弾の破片（実物）。米須の小学校近くの畑から出土

映画「戦場《いくさば》ぬ《の》童《わらび》」（映画制作委員会　1985年）を2分30秒に編集したものを見て、戦場にはたくさん沖縄県の住民がいて、年寄りや子どもが多く亡くなったことを知る。日本とアメリカの具体的な戦死者の数、参加した兵士の数や武器の比較を、グラフを使って簡単に紹介する。数字からは日本軍が圧倒的に不利な戦いであったこと、そして「なぜ、住民が兵隊よりも多く亡くなったのか」の疑問が出る。

　さらに米軍の艦砲射撃や銃弾の凄まじさを象徴した「鉄の暴風」を具体的にイメージするために、赤茶けた1・8キロの鉄の塊（写真2）を児童・生徒に手渡し、一人ひとりに持って触ってもらう。参加者は、受け取った瞬間に、一様に「えっ」と声を出し、実物の艦砲弾の破片の重さと切り口の鋭さに驚く。米軍の戦艦からの打ち出される艦砲が、着弾し破裂している映像だけでは感じえない怖さを想像することができる。この破片は、授業の中で何度も登場する。

　沖縄戦のキーワード「鉄の暴風」の怖さを共有したところで、

安里要江《としえ》さん（沖縄戦当時24歳）の証言ビデオを見る。

ひとり目の屋宜和子ちゃんは、１９４４年9月生まれで、沖縄戦の始まった3月末には7か月で、4歳の兄がいた。母親の安里さんは「米軍の捕虜になると、男は戦車で轢《ひ》かれ、女は暴行され、子どもは股裂きにあって酷い殺され方をする」と教えられ、日本軍に守ってもらえると信じて、家族親戚18人で沖縄島の中南部を軍について逃げる。その間に、日本軍による壕追い出しにあい、次々と家族を失い、最後にたどり着いた轟の壕で、９か月になった和子ちゃんを餓死させてしまう。そして6月の末、安里さんはあんなに恐れていた米軍によって救出され、命をとりとめる。屋宜和子さんのたどった運命を母親である安里さんの証言を通して知る。

安里要江さんは１９９７年に完成した沖縄県民映画「ＧＡＭＡ―月桃《げっとう》の花」の主人公のモデルの方で、「住民から見た沖縄戦」をわかりやすく証言されている。沖縄県史にも収録され、『沖縄戦・ある母の記録』（高文研　１９９５年）として体験記が出版されている。２０２０年11月、99歳で他界された。

③牛島満の人柄と住民がみた沖縄守備隊

もうひとりの牛島満は１８８７年7月に東京で生まれ、父親が誕生前に死去したため、母親の実家のある鹿児島で育った。沖縄戦当時57歳だった。祖父の人柄については、現地の沖縄で祖父に実際に出会った人々から聞いた話と、私の家族、親族の証言からその人となりを紹介する。

現地沖縄では、祖父を直接知っている人に会いインタビューをした。

取材当時、沖縄タイムスの記者をされていた国吉永啓さんは、沖縄戦当時は移民先のペルーから帰国したばかりで、国民学校（小学校）1年生。国吉さん方の新築の家屋は、司令官宿舎として接収された。幼い国吉さんは同じ敷地内に住んでいたので、一番座（客間）の司令官の部屋に行って、祖父によく遊んでもらったと言う。「金平糖などのお菓子をくれたり、馬に乗せてくれたり、軍人らしくなく、優しいおじいちゃんだった」と話されている。

宮城喜久子さん（故人）は、ひめゆり学徒隊で当時16歳。津嘉山《つかざん》の経理部壕に配属され、南部撤退の際に経理部壕の中で祖父に会い話をされた。祖父の印象は、「ご苦労さん、ご苦労さんと言いながら壕に入って来られた。トイレの際に声を掛けられた。『どんな本読んでいるの』と聞かれたがアメリカの南北戦争の本だったので叱られると思ったが、声を掛けられただけだった。軍人らしい厳めしさがなく、優しいおじいちゃんのようであった」と語る。

私の家族にも聞いた。祖父の子ども（私の伯父や叔母）から話を聞くと、子煩悩で怒ったことがないという。休みの日曜日は、よく遊んでもらい、出張に行くと必ずお土産を買ってきてくれた。料理が得意で、釣って来た魚などをよくさばいて食べさせてくれた。お酒が弱くコップ一杯のビールで酔ってしまうほどだったと言う。また不正が嫌いで、「一度も軍の車・公用車には乗せてもらわなかった」とも話をしていた。祖父の家族からも子煩悩で怒ったり、叩かれたりしたことはなかったと聞いている。

ここで大本営（日本軍＝陸海軍の最高統帥機関）、第32軍（沖縄守備隊）と沖縄住民との関係性について見ておく。

第32軍は、沖縄戦が始まる一年前、１９４４年に創設される。そもそも日本軍は何のために沖縄に来た

写真３　沖縄戦を指揮した第 32 軍の将校の集合写真。海軍根拠地隊は写っていないが、台湾に転出した第９師団長は写っている（1944 年 11 月、安里女子範学校校庭）

のか？　先に述べた安里さんなどの住民は、中国大陸や国内の他県から次々と到着する日本兵を歓迎した。それは、「友軍＝日本軍が沖縄を守ってくれるから」と信じて疑わなかった。当時の住民や一般の兵士たちもそう思っていたに違いない。

艦砲射撃が始まった時から、沖縄島にいた安里さんたち住民の日本軍に対する信頼は失われる。米軍を攻撃しない日本軍、住民への避難指示を出さない日本軍等々。安里証言は、沖縄戦が、本土決戦準備のための時間稼ぎ＝「持久戦」として位置づけられ、「沖縄の土地や沖縄県の住民を守る」ためのものでなかったことを明白に裏付ける。従って、そもそも住民であった安里さんや和子さんは、第32軍に守られる対象ではなかったのである。

１９４４年に創設された第32軍に大本営から下達された命令は、「沖縄の土地や沖縄県民の防衛」ではなく、本土決戦準備のための時間稼ぎ＝持久戦であった。沖縄戦のその本当の目的を知っていたのは、沖縄戦を指揮した第32軍の将校たちだけだった（写真３）。

④考える授業――沖縄戦の悲劇を日本軍の作戦から解く

「なぜ、住民が兵隊よりも多く亡くなったのか」を日本軍の二つの命令から考える。住民の犠牲者が多くなったのは、①戦場になると想定していながら、住民疎開が不十分だった ②後方支援に県民を動員した ③皇民化教育と軍官民一体化スローガンなどが挙げられるが、最も直接的な原因は、第32軍の二つの作戦命令にある。

1945年3月23日、米軍は慶良間《けらま》諸島を含む沖縄全域に大規模な空襲を、翌24日には、沖縄島南部に艦砲射撃を開始、26、27日には座間味《ざまみ》島、渡嘉敷《とかしき》島などの慶良間諸島に上陸し、沖縄戦が開始された。日本軍が配備されていた島々では「集団自決」（強制集団死）が起こった。

米軍は、4月1日沖縄島の中部西側の読谷《よみたん》・北谷《ちゃたん》海岸から、18万3千人の兵士が上陸し、後方支援部隊を含めると約54万人を投入した。日本軍は、正規兵、男女子学徒隊、防衛隊を含め11万人であった。

第32軍は、米軍が上陸してくる際に攻撃を仕掛ける水際作戦は取らず、九州・台湾から飛来する特攻機が上陸する米軍を攻撃するはずであったが、なぜか空からの攻撃はなかった。そのため米軍は、ほとんど日本軍の抵抗がないまま上陸することができ、その日の午前中に北（読谷）・中（嘉手納《かでな》）飛行場を占領した。米軍上陸部隊は進撃を続け、翌2日には東海岸に達し沖縄島を南北に分断した。北部方面に進撃した米軍は、4月13日には北端の辺戸《へど》岬まで到達した。

第32軍から「二つの飛行場を米軍占領」の報告を受けた大本営は、持久戦の方針を撤回し「飛行場奪回」と「敵の出血強要」を命じた。沖縄戦の基本方針であった持久戦から攻勢への転換である。

一方、中南部に展開した米軍の上陸部隊は、日本軍の二重、三重に作られた地下陣地から激しい抵抗にあう。さらに第32軍が、大本営、台湾方面軍、海軍などの要請を受け、持久戦から攻勢に作戦を変更し、4月8日、5月4日には大攻勢をかけた。しかし武器の性能と数、兵士の人数に優る米軍の前には、ひとたまりもなく失敗に終わった。

第32軍は、これ以降は持久戦に戻ることになるが、大本営は攻勢命令を撤回することはなかった。これらの戦闘で、日本軍は約6万4千人が戦死し、兵力の3分の2を失った。米軍の戦死者は約5千人だった。この間の戦闘は、日米の正規軍同士の戦いであった。

沖縄戦が始まって約50日、首里城の近くまで米軍が迫った5月21日、首里地下司令部壕で各部隊の参謀長・参謀を集め、作戦会議が行われた。提案されたのは、①首里決戦（事実上持久戦）案、当初計画にはなかった②南部・喜屋武半島への撤退案、③南東部・知念半島撤退案であった。各部隊は、その事情をそれぞれ主張したが、予想される住民犠牲については、一切論議されなかった。

ここで授業や講演で、参加者（児童、生徒）が考える時間を必ず取る。③案の知念半島撤退案は、論議の対象にならなかったので省略し、二つの案を地図を用いて解説する。

①首里で戦い続ける（図1）

②南部・喜屋武半島への撤退（図2）

――「あなただったら、どちらを選びますか？」と問いかける。この時、軍司令官としての立場だけでなく、住民や一般兵士の立場で考えてもよいことにする。

どの会場でも参加者から、大方次のような意見が出される。

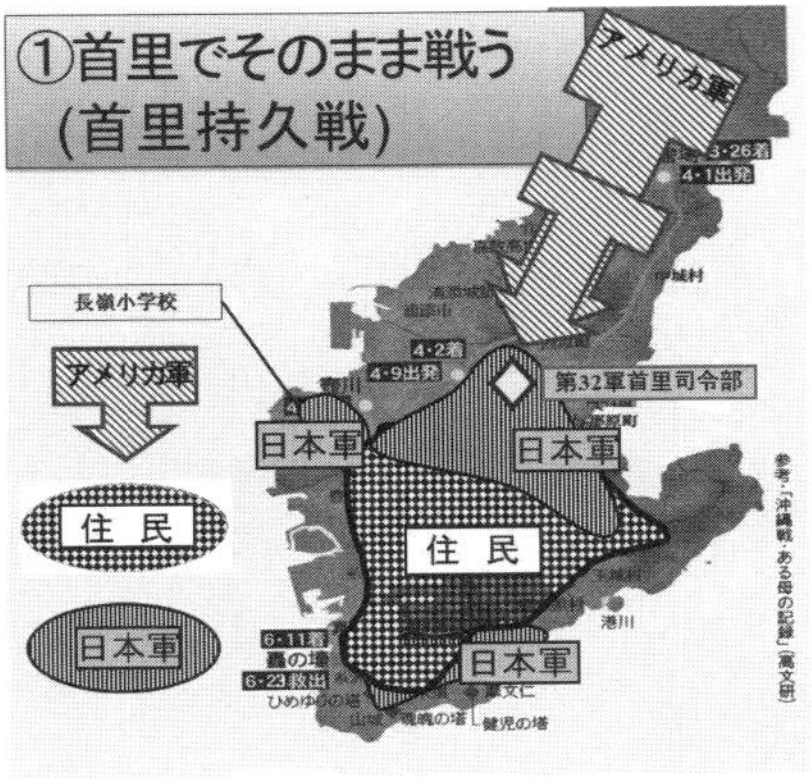

図1

図2

①を選んだ理由は「首里の司令部壕の南には、安里さんなどの住民がたくさんいるので、②だと住民の被害が増えるから、首里で戦い続ける方がいい」

②の南部撤退を選んだ理由は「持久戦なので、できるだけアメリカ軍から離れる」「まだ、南部にいる日本軍と協力して、立て直す」などである。

この問題の正解はない。あえて言えば①を選んだ人は住民の立場で考え、②を選んだ人は軍隊を中心に考えており、自分の立ち位置がわかる。軍隊中心の考えでも、①を選ぶ人もいた。その理由は首里城近くの洞窟陣地には弾薬や食料もあり、移動時に米軍に狙われる危険性があるとの意見だった。参加者が当時の立場や理由をもとに選択をすることで、戦争の見方を深めることをねらいにしている。

戦争を漠然と悪いと言うのでなく、具体的な個々の判断が、どのような結果を招くのかを様々な角度から見ることによって、「普通」の人間や地位の高い「立派」な人たちが、どうして悲惨な結果につながる選択をしたのかを考え、教訓にする必要がある。

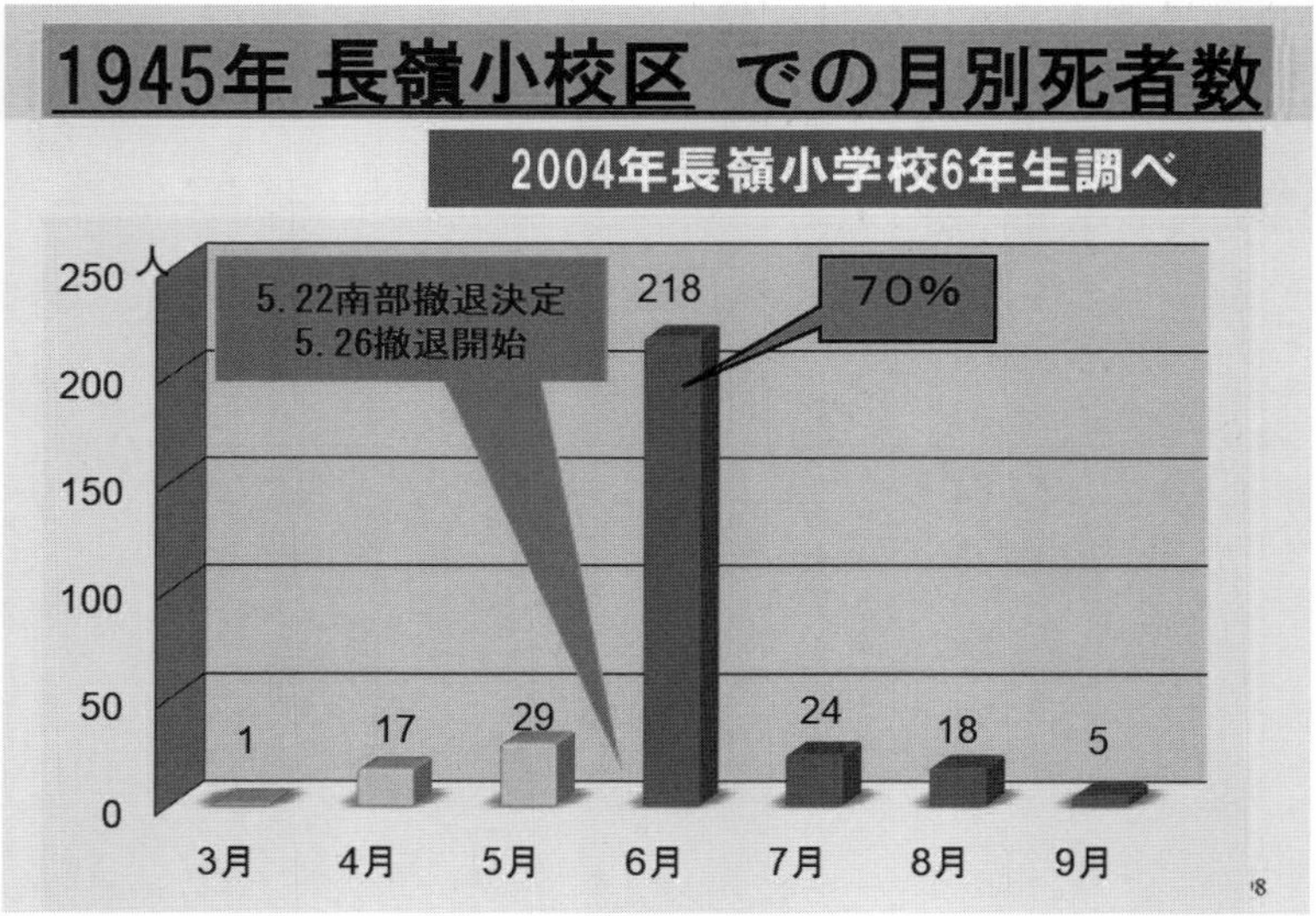

図3

⑤南部撤退で何が起きたか

私の祖父である第32軍牛島満司令官は首里の司令部壕で降伏せず、無謀な②の南部・喜屋武半島に撤退する作戦を決裁した。第32軍司令部を沖縄島の南端・糸満市摩文仁に移動し、残った約3万の日本軍を南部に撤退させた。その結果、日本軍、米軍、住民の三者が混在する戦場がつくられ、多くの住民が戦闘に巻き込まれ、犠牲者は大幅に膨らんだ。

授業のはじめに見た安里要江さんの証言と重ね合わせて考える。5月までは何とか生き延びていたが安里さんの家族・親戚が次々と亡くなり、11人の肉親を失った。

極限状態に陥った兵士が壕から住民を追い出したり、殺害したり、食料強奪も起きた。「集団自決」（強制集団死）など、沖縄戦で語り継がれる悲劇が南部撤退によって凝縮して発生した。「集団自決」（強制集団死）は、米軍上陸時

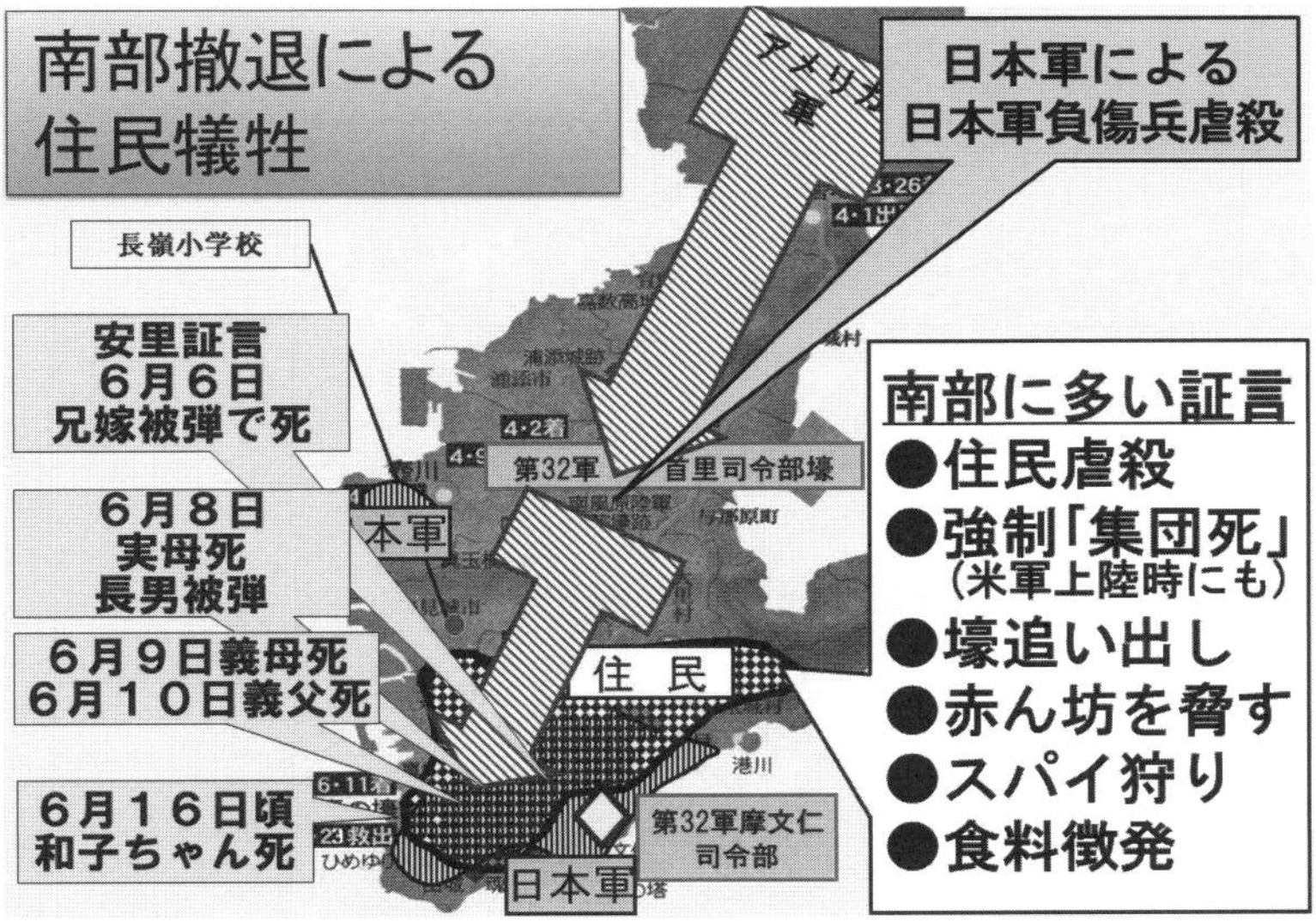

図４

に沖縄島南部以外でも発生している。

私が沖縄県内で「沖縄戦の授業」を行ってきた豊見城市立長嶺小学校は、南部撤退の通り道にあった。６年生が、平和の礎のデータをもとにして、学区域の犠牲者を調べた。その「長嶺小学区域の月別死者数のグラフ」（図３）から、南部撤退直後の６月に実に約70％の人が亡くなっていたことがわかる。もし、日本軍が南部に撤退せずに、首里で戦闘が終わらせていたならば、この中の多くの人が亡くならずにすんだはずである。

沖縄島南部での特徴的な住民証言を見てみる（図４）。

❶壕追い出し＝南部撤退によって、米軍と日本軍と住民が混在する。住民が隠れていた壕（洞窟）に日本軍が来て、「作戦で使うからこの壕から出て行きなさい」と住民を追い出すと、追

い出された住民は、「鉄の暴風」が飛び交う戦場を彷徨《さまよ》うことになり、当然犠牲者は増大する。安里要江さんたちは北の方から逃げてきたので、後から来て「壕に入れてほしい」と言っても、「兵隊でいっぱいだから」と断られるのもここの場面だった。

❷赤ちゃんを泣かすなとの脅し＝住民と兵隊が一緒の壕の中にいた時に、赤ちゃんがいれば「赤ちゃんを泣かすな」と脅されることがあった。住民と日本軍兵士が共存していた壕の近くに来た米軍に見つかることを恐れた、日本軍の都合から起こったことであった。

❸住民虐殺＝兵隊と住民が一緒にいる壕から、住民が米軍の捕虜になると米軍に日本軍の居場所が分かってしまうことを恐れて、日本軍は住民が投降することを禁じた。それでも投降しようとする住民を日本兵が後ろから銃で打つということが起きた。

❹食料徴発＝日本軍兵士には、首里での戦いまでは、最低一日一個のおにぎりが食料として出たが、南部に来てからは、軍隊優先でも一日一個のおにぎりの大きさがピンポン玉位になった。まだ出るだけ良いが、それでは体力が持たないので、住民が持っている食料を取り上げて食べてしまうということが起きた。

❺「集団自決」（強制集団死）＝米軍の捕虜になってむごい殺され方をするぐらいだったら、自分から死を選んだほうがましだ、と考えた結果であった。でも大人では、そういうことがありうるが、赤ん坊が自分で死を選ぶということはありえない。赤ちゃんが自分で自分の首を絞めるようことはない。武器もないので、たとえば草をかる鎌でお互いが首を切り合ったり、カミソリでのどを切ったりする、親子同士で殺し合いをするなど悲惨なことが起きた。日本軍から渡された手りゅう弾を使うこともあった。

壕追い出し、住民虐殺や「集団自決」などの主な住民の証言によって明らかになった出来事は、南部一帯が住民と日本軍、それを追う米軍が入り込んで、三者が混在した戦場になったからのものであった。

さらに南部撤退命令は、日本軍兵士にとっても過酷なものであった。4月以降、首里に向かって南下する米軍と日本軍との間で激しい戦闘があり、多くの死者と負傷者を出した。野戦病院に収容されていた負傷兵は、戦陣訓「生きて虜囚《りょしゅう》の辱《はずかし》めを受けず」の通り、自力で歩いて南部に移動できる者以外は青酸カリを注射されたり、ミルクに入れて飲まされたりした。また同僚の日本軍兵士に虐殺されるか、手りゅう弾を渡されて、「自決」を強いられたりもした。この負傷兵に行った虐殺行為を日本軍は「処置」と呼んでいた。

首里の地下壕やその周辺の地下陣地から南部に撤退した兵士たちは、戦争に負けて敗走する「敗残兵」状態で、武器や弾薬も限られており、ほとんど戦闘能力を持たない状態になっていた。戦線を立て直す力は残っていなかった。

通信手段も南部撤退以前は、無線通信や有線電話で命令を伝えながらの組織的な戦闘であったが、部隊もバラバラになり、命令もきちんと伝わらない状態になっていた。首里戦線で戦った部隊・第62師団の日本軍兵士の近藤一《はじめ》さんの証言によれば、一つの中隊（部隊の単位）は、沖縄戦が始まるときは、約200人いたが、南部の海岸に着いたときは、8人位になってしまった。約20分の1以下になっていた（『ある日本兵の二つの戦場――近藤一の終わらない戦争』社会評論社 2005年）。

私の祖父牛島満が命じた「南部撤退」が、住民に多くの犠牲者を出した主要な要因であった。安里要江

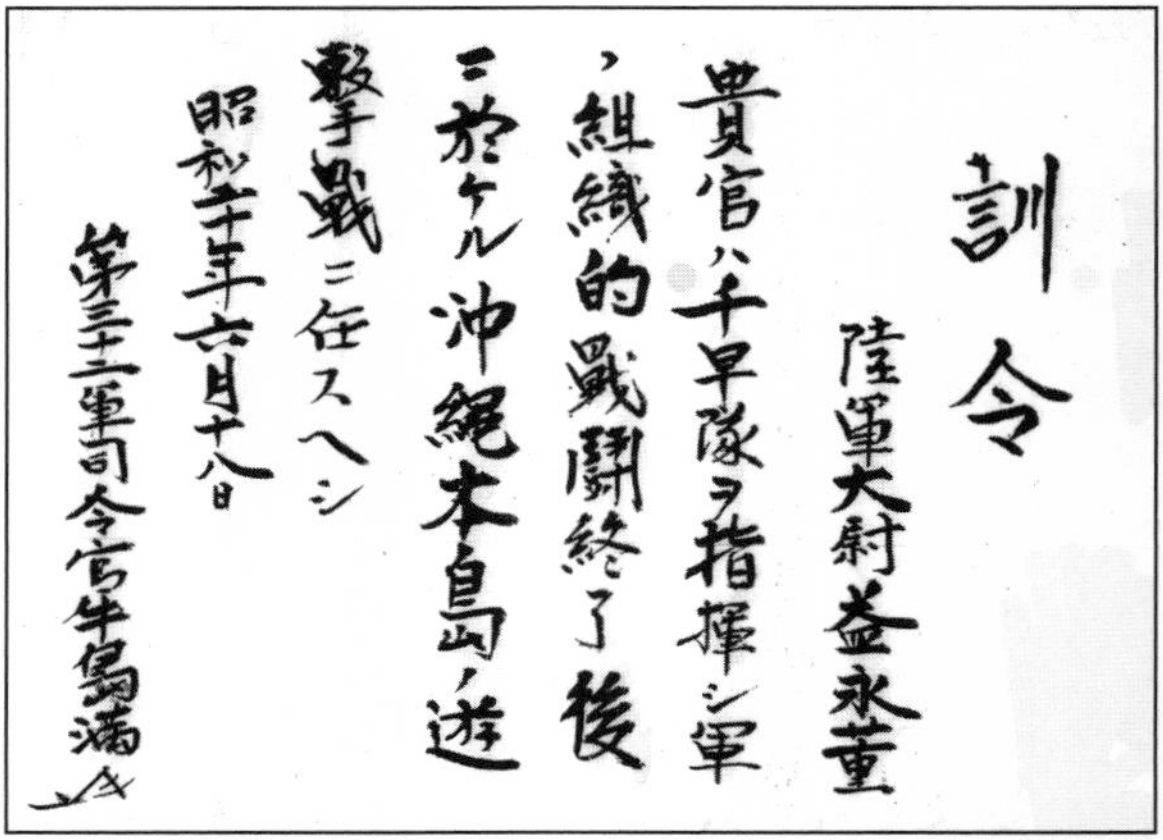

訓令
陸軍大尉益永董
貴官ハ千早隊ヲ指揮シ軍ノ組織的戦闘終了後ニ於ケル沖縄本島ノ遊撃戦ニ任スヘシ
昭和二十年六月十八日
第三十二軍司令官牛島満

写真４　「最後まで敢闘し」の命令の前日、益永大尉に「遊撃戦の司令官任ずる」訓令を、直筆で発している（米国公文書館所蔵）

さんなどの住民の証言「軍隊は住民を守らない」は、沖縄戦の特徴でなく軍事作戦と機密を優先する軍隊がもつ普遍的な性質かもしれない。

⑥沖縄戦はいつ終わったか？

住民にとって、沖縄戦が終わった日は米軍の捕虜になった日である。では、第32軍の兵士にとってはいつであろうか？

米軍の掃討作戦は、住民と日本軍兵士を南部に追い詰めていく。「本土決戦」が必ず行われると信じて疑わなかった牛島は6月19日、撤退した最南端の摩文仁の司令部壕から二つ目の作戦命令「各部隊は生存者中の上級者これを指揮し、最後まで敢闘し、悠久の大義に生くべし」を出す。写真４は、その遊撃手戦（ゲリラ戦）を男子学徒で編成された千早隊に命じた牛島満直筆の訓令である。６月22日、摩文仁の司令部壕で祖父牛島満は、自死した（牛島家では祖父の命日を6月23日でなく、22日としている。Ⅱ章参照）。

沖縄戦が終わったのは、いつかを次の三つの選択肢から選んで手を挙げてもらう。

①沖縄県慰霊の日の6月23日、または22日（司令官牛島が自決したとされる日）
②8月15日（大日本帝国がポツダム宣言を受諾したことを天皇がラジオ放送した日）
③8月15日よりも後

動画で解答を提示する。米軍の記録から日本軍戦死者の地域別人数を地図に表示し、映像化した。米軍は、部隊別に日本軍兵士の死体と捕虜の数、住民の捕虜の数を数えて記録していた（『沖縄戦　アメリカ軍戦時記録　第10軍GⅡ㊙レポート』三一書房１９８６年）。

＊米軍が確認した日本兵戦死者の地域別人数

（註：地域名の明記のない場合は米軍部隊が進出していた地域から割り出した）

6月18日　与座《よざ》84人　具志頭《ぐしちゃん》54人

19日　【「最後まで敢闘し」の命令】
喜屋武《きゃん》18人　伊原《いはら》4人　真栄里《まえざと》8人　真壁《まかべ》32人＋２人　与座から新垣《あらかき》の中間95人　新垣１８７人　摩文仁《まぶに》52人＋28人　（註：同じ地区内で2か所の確認は＋で表記）

20日　新垣51人　喜屋武80人　糸満市21人　真栄平《まえひら》22人　摩文仁２８８人

21日　糸満市《いとまん》４２１人　真壁８４２人　米須《こめす》１７０人　国吉《くによし》43人　真栄平３４０人
摩文仁５０２人

22日　【第32軍司令官牛島満自死】糸満市１５０人　真栄平50人　摩文仁約２００人

23日　新崎《あらさき》海岸45人　糸満市３００人　真壁２５１人　真栄平約３５０人　摩文仁１７２人

24日　新垣44人　喜屋武岬40人　新崎海岸78人　糸満市約２００人　摩文仁74人　真栄平25人
＋42人　真壁１３７人

レポートは以後も毎日続くが省略。

7月8日　与座岳周辺38人　南部ではないが本部半島で5人
10日　沖縄島南部68人　小禄《おろく》1人　本部半島6人
8月15日　大日本帝国連合国に無条件降伏　高嶺《たかみね》大里《おおざと》14人
16日　南部各地合計10人

この後も、日本兵の戦死者は続く。

21日　南部地区6人
22日　新垣6人　南部地区4人他
9月5日　新垣1人
7日【中飛行場（現嘉手納基地）で降伏調印式が行われる】

日本側は、第32軍を代表して米軍が上陸しなかった先島群島（宮古）司令官・納見敏郎中将他が降伏調印し、米側の第10軍司令官・スチルアェルリグ軍大将が受諾し、公式に第32軍が降伏した。

解答は紛れもなく、③8月15日よりも後で、9月7日であった（写真5）。

以上、米軍の限られた資料からでも、日本軍の「戦闘」を日本軍兵士の戦死者から見ることができた。

6月19日「最後まで敢闘し」命令が実行され、数百人単位の戦死者が数えられた。「悠久の大義に生きる」

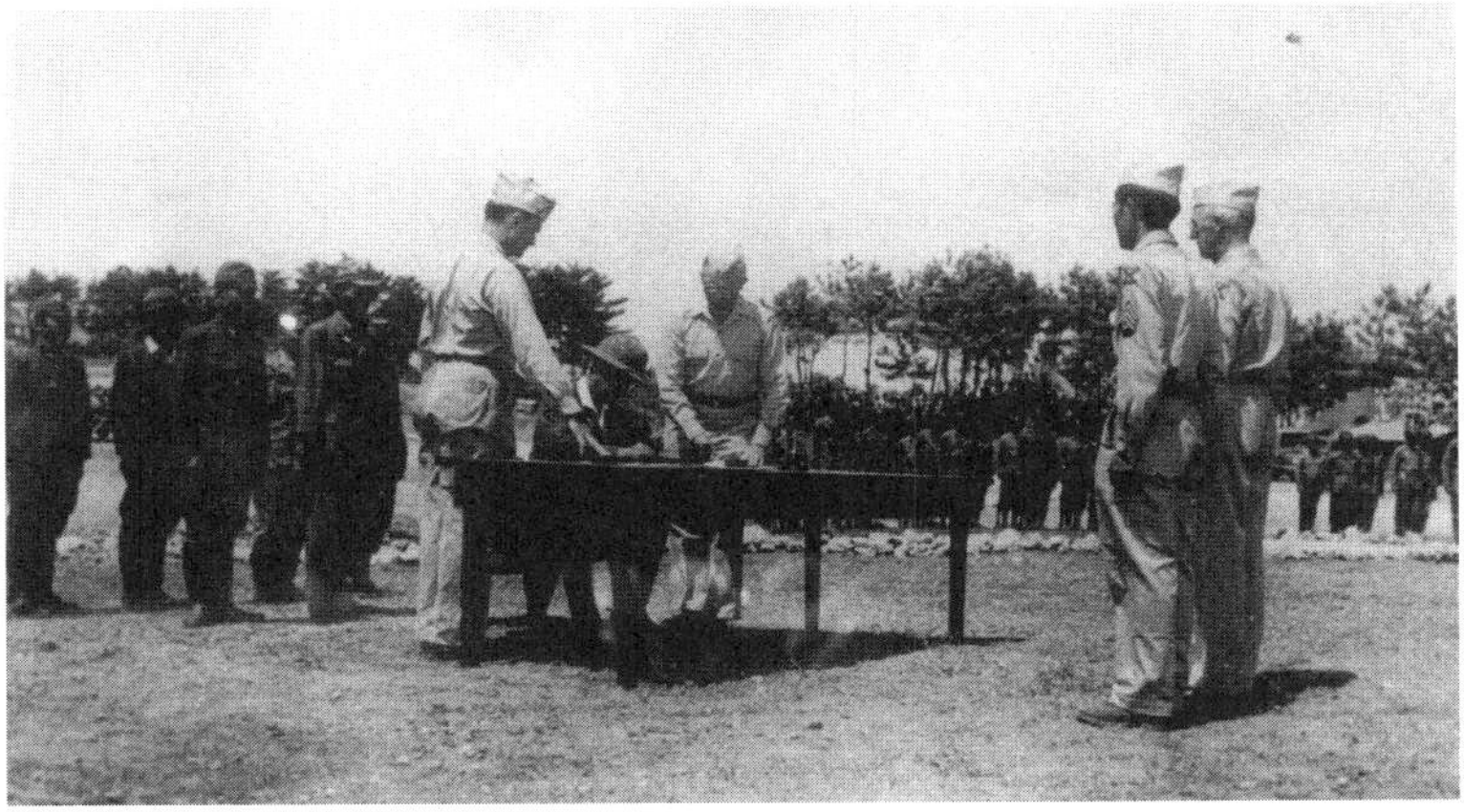

写真5　中（現在の嘉手納）飛行場で第32軍を代表して降伏調印する宮古島・第28師団長の納見敏郎中将ら（1945年9月7日　那覇市歴史博物館提供）

＝天皇のために死ぬことで、個々の兵士の証言からも、ただ死ぬだけの斬り込みが行われた。そうした「戦闘」は、徐々に数は少なくなったが、8月15日を過ぎても行われていた。

どうしてこんなことになってしまったのか。

沖縄島の南端、背後に切り立った崖が迫っている摩文仁の司令部壕で、6月22日、祖父牛島満は自死した。戦闘終結を命令する司令官が不在になった。兵士にとっては、司令官の命令による組織的戦闘からゲリラ戦に変更されたに過ぎず、まさしく「最後の一兵まで、戦い続ける」しかなかった。沖縄の日本軍は、8月15日を超えて9月7日に嘉手納基地で米軍に降伏調印したことで、やっと戦闘を終え、武装解除・投降することを許された。

第二の命令「最後まで敢闘し」は、「終わりなき沖縄戦」を作り出した。ただただ、沖縄県民と動員された日本軍兵士の命を、無意味に殺すためだけの命令であった。

持久戦を命じた大本営は、何ら対処もせず放置した。この「最後まで敢闘し」の命令は、外国の軍隊には見られない、皇軍＝天皇ための軍隊である日本軍および沖縄戦の極めて非合理的で非情な特徴的をもつものである。

定着している「慰霊の日」は、6月23日のままでよいと思う。しかし、多くのメディアや沖縄県などが、「組織的戦闘が終了した6月23日」という表現が、沖縄戦の真実の理解を妨げている。

これが、「本土決戦」準備の時間稼ぎとして戦われた沖縄戦の実態であり、この第32軍の二つの作戦命令が、兵士より住民の犠牲を多くした直接の原因である。

⑦沖縄の小学生の祖父母の戦争体験の聞き取り、学ぶべきことは……

授業も終盤。

ここで、長嶺小学校6年生の祖父母の戦争体験の聞き取りの発表のビデオを見る。

●当時おばあちゃんは、私より1歳年下で10歳だったそうです。でも子どもの世話は、おばあちゃんがやっていました。戦争が激しくなって、1歳の弟をおんぶしながらいろいろと逃げ回り、防空壕をやっと見つけて、隠れました。そして、おんぶしていた弟を背中から下ろしてみると、顔が無くなっていて、下半身だけがあったそうです。【Aさん】

●私のおじいちゃんは沖縄戦を体験した。その時はどんな様子なのかまったく教えてくれない。おじいちゃんは「いやだ。ぜったいに教えない」と悲しい表情で言った。おじいちゃんは、もう80歳。どうして教えてくれないのかわからない。もしかして戦争の時にとても悲しいことがあったのかな。お父さんのお母さんも知らなくて、おじいちゃんは、とにかく悲しい表情で言った。おじいちゃんには、つらい思い出があるかもしれないので、ぜったい戦争は起こしたくないです。【Bさん】（２００４年）

ふたり目のBさんの聞き取りは、もしかすると沖縄戦体験者では一番多いかもしれない。「ぜったいに教えない」とおじいちゃんが、涙を流しながら言っていることから、他人や孫には言えないほどの悲しみの深さを感じる。

授業の中で祖母の体験を発表してから6年後、高校生になったAさんの自宅を訪ね、おばあちゃんにインタビューをした。おぶっていた年下の弟を下したのは、防空壕でなく、大きな木の下だったとお話をされた。家族で逃げていくうちに、母親も祖母も被弾し、亡くなった祖母から負ぶい紐をとって、自分で弟を背負って逃げたとのことだった。ご自身も砲弾の破片で背中にけがをされていた。「鉄の暴風」の中、必死で逃げ惑っていて、砲弾の破片が背負っていた弟にあたったのに気づかなかったのである。

その悲しさや恐さは、なんともいえない。もし、30センチ前方を飛んでいたら、おばあちゃんも一緒に亡くなっていたかも知れない。そして、授業で発表したAさんもこの世に産まれてこなかったはずである。一分に満たないビデオであるが、戦場での生死は紙一重であることが鮮明になり、東京などの他県の子どもたちは大きな衝撃を受ける。

最後に、東京の小学6年生の授業の感想を紹介する。

■沖縄の子どもたちが話していたのを聞いて「えっ～！」と思った。女の子のおばあちゃんはとってもかなしくて見ていられなかったと思う。自分の背中で弟が亡くなったけど、一生けんめいに逃げていたから、気がついてあげられなくて苦しかったんだろうな～と思うとこっちまで、悲しくなってきた。私は、この勉強をして、人を殺す気持ちが良く分からない。殺される人の気持ちになったら、絶対人なんか殺せないと思う。今日見たビデオを世界中の人々に見てもらいたい。少しでも人を殺す人がへると思う。（２００６年）

■この沖縄戦は、とても悲しいものだったと、二回の授業で思いました。本来沖縄戦は、本土を守るためにやっていたが8月15日に降伏していたため無意味になってしまった。私は、沖縄戦で亡くなった人が無意味な人生ではなかったよう、私たちが真実を導きだして二度と戦争をしないようにするべきであり、何事も武力で争いをしないようにすべきだと思う。（２０１６年）

Ⅱ章

牛島司令官はいつ「自決」したか

★日本軍の編制

旧日本陸軍では編制単位として「総軍」、「方面軍」、「軍」、「師団」、「旅団」、「連隊」、「大隊」、「中隊」、「小隊」があった。うち平時にも設置されているものは師団から中隊で、「軍」以上は、戦争や事変の際に軍令などにより設置された。旅団以上には司令部が設けられ、連隊以下中隊までは本部が置かれた。

1 解明されていない事実

沖縄戦において解明されていない「事実」がいくつもある。その中の一つは、司令官・牛島満の「自決」日である。戦後、牛島家では、「自決」した日=命日を6月22日としている。私も中学1年生まで、6月22日に学校を休み家族に連れられて靖国神社に行き、昇殿参拝をしてきた。ちなみに靖国神社遊就館の展示は、牛島自決日は6月22日となっている。

一方、防衛庁防衛研修所戦史室著の公式記録『戦史叢書11　沖縄方面陸軍作戦』(朝雲新聞社　1968年　603ページ)では、司令官が「自決」し「組織的戦闘が終了した日」を6月23日としている。また、多くのメディアも「牛島司令官が自決し、沖縄戦の組織的戦闘が終了したこの日」と表現し、沖縄県は慰霊の日としている。

6月23日↓司令官自決で組織的戦闘終了↓沖縄戦終結↓「慰霊の日」との報道や記述がされている。私は祖父が司令官だから、その戦死日をはっきりさせたいと思っているわけではない。住民であっても兵士であっても、二等兵であっても将校であっても、戦地に赴いた家族や親しい人がいつどこで亡くなったのかを知りたいという思いは、当然の感情である。せめて死に至った経緯だけでも知りたいのだ。

私の祖父の場合は、敗戦時、焼却などの処理を逃れた記録や目撃証言など、沖縄戦関連では情報が多くある人物のひとりで、最も知ることができる人物だと思う。

国家が引き起こし、国家のために動員された人々の最期を疎かにする日本の戦前戦後を通しての有様が、今も問われている。一般兵士の戦死や住民の犠牲には重きに置かれず、なおさら判明が困難で、調査も進まない。これは遺骨収集への国としての努力が不十分なこととも関連している。

2　戸籍・留守名簿は6月20日？

①戸籍と留守名簿をたどって調べてみたら

私は祖父の戸籍上の戦死日を確認するために、本籍のある鹿児島県で調べた。窓口で渡された祖父の戸籍を見て目を疑った。

そこには以下のように書かれていた。

「昭和廿年六月弐拾日時不詳沖縄本島ニ於イテ戦死　鹿児島県地方世話部長藤山朝章報告昭和弐拾壱年参月四日受附■（一字不明）」

現代表記にしてみると「昭和20年6月20日、日時不詳　沖縄本島において戦死　鹿児島県地方世話部長藤山朝章報告　昭和21年3月4日受付■」となる（写真6）。

6月22日か、23日かを調べようとして、本籍までたどったのだが、それとは別の20日になっていたのだ。驚きだった。多くの海外派兵

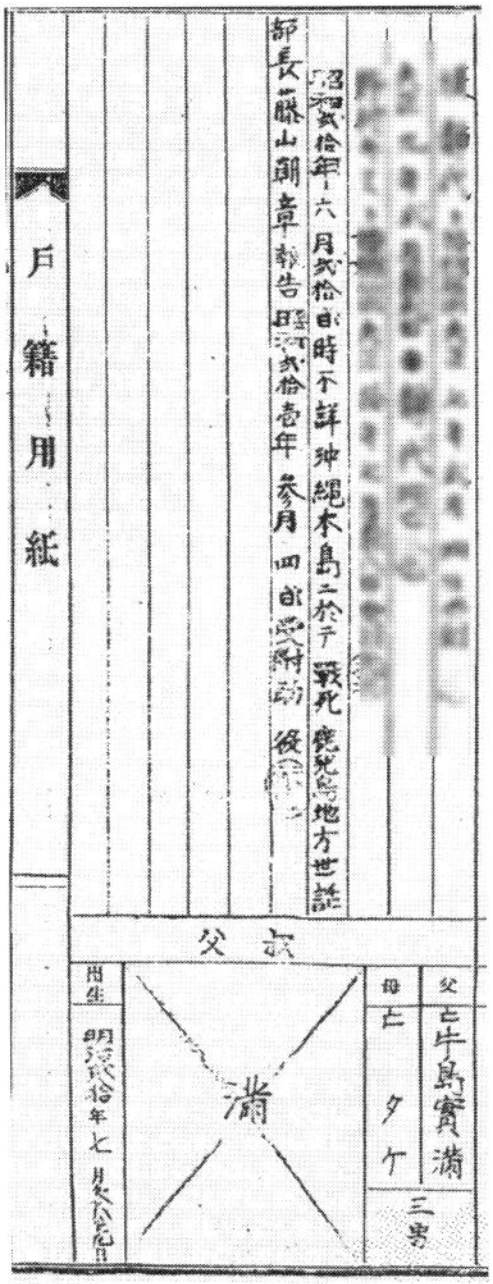
戸籍用紙
昭和弐拾年六月弐拾日時不詳沖縄本島ニ於テ戦死　鹿児島地方世話部長藤山朝章報告昭和弐拾壱年参月四日受附
父　亡　牛島實満
母　亡　タケ
三男
満
出生　明治弐拾年七月

写真６　牛島満の戸籍の戦死日は６月20日だった（一部を加工）

された兵士たちがそうであるように、いつどこで亡くなったのかがわからない場合、戦死公報を出す仕組みと同様の処理をしたようである。

藤山智章少将は鹿児島出身で、第4砲兵隊司令官から45年10月18日付で鹿児島連隊区司令官に任ぜられ鹿児島県地方世話部長として、戦死日の特定など処理を行ったと思われる。では、なぜ6月20日になったのか。たどっていくと、次の留守名簿を参考に決定したのではないかと思われる。

留守名簿とは、1944年陸軍省の指示で、召集（編入の前歴）時の期日、本籍、留守家族の責任者と住所、続柄、徴兵年、任官年、兵種や階級、俸給、本人氏名、部隊名が記載され、転戦先や戦死または復員期日、戦死広報の届留守宅渡しの有無等の処理を行って、陸軍の場合には各都道府県に配布された。第32軍の場合は、1945年1月1日付けで各部隊が作成し、後に各都道府県の援護課に送付された。戦後、留守名簿を厚生省、厚生労働省が保管していた。2012年度から国立公文書館に順次移管され、申請すれば、有料閲覧できる。

日本陸軍の兵士・将官は、陸軍戦時名簿で兵籍が管理されていた。西太平洋、朝鮮半島、中国大陸、東南アジアの国外に派遣された各部隊の兵士・将官の戦死は、どのように処理されていたのであろうか。制海権を奪われたことで、陸軍戦時名簿が外地から日本本土に移送中に海没して失われことが多発した。この事態に陸軍省は新たな兵籍管理のために1944年に留守名簿規定を作成・指示した。

この「留守名簿」は、陸軍省↓厚生（労働）省が戦死公報や遺族年金などの、国民を戦争に動員した国家が遺族への通知や補償をするためのおおもとになる重要な公簿である。

最近取り寄せた『第32軍司令部・球16l6部隊留守名簿』（1945〔昭和20〕年1月1日調整）では、

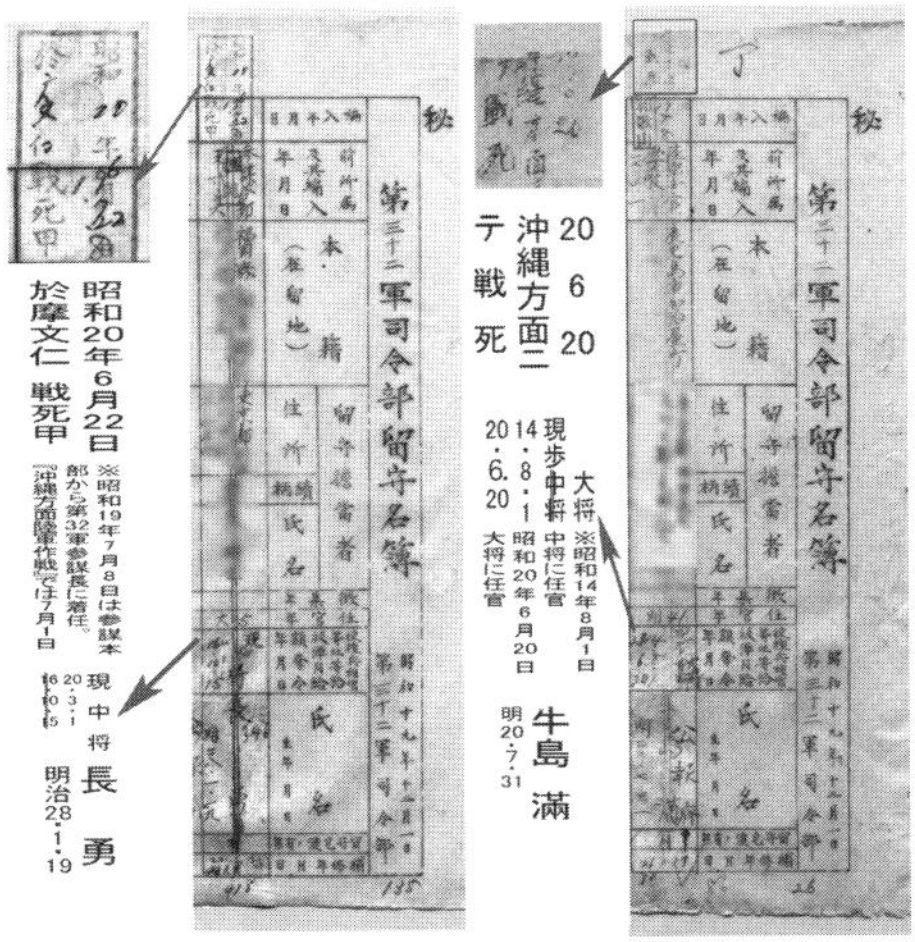

写真８　牛島満、長勇の留守名簿（一部を加工）

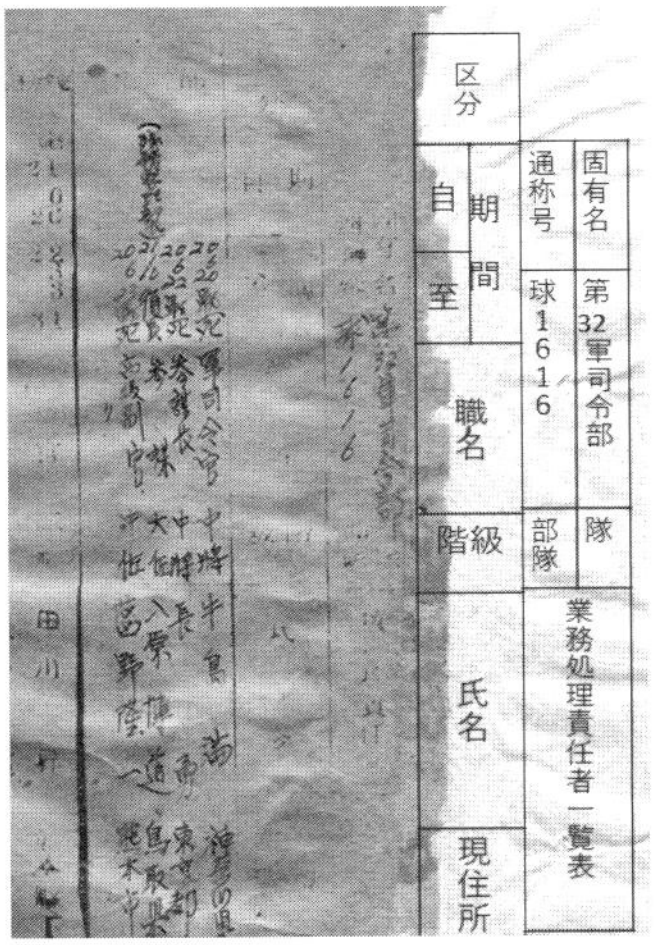

写真７　第32軍司令部（球1616部隊）留守名簿業務責任者一覧より

より目を疑うことが記載されていた。同『留守名簿』の2ページ目の「業務処理責任者一覧」に沖縄戦の責任者3名の記載がある。司令官・牛島満の戦死日が記載されている（写真7）。

◆牛島満・軍司令官・中将・昭和20年6月20日戦死
◆長勇・参謀長・中将・昭和20年6月22日戦死
◆八原博通・参謀・大佐・昭和21年1月10日・復員
（以下省略）

この名簿の個々人の記述も、以下のようになっている。

「牛島満　昭和20年6月20日沖縄方面　戦死　役種兵種官等　現歩~~中将~~大将　昭和20年6月20日　補修年月日　昭和21年1月19日」

「長勇　昭和20年6月22日於摩文仁戦死　役種兵種官等　現歩~~少将~~中将　昭和20年3月1日　補修年月日　昭和21年1月9日」

となっていて、それぞれ20日、22日は、業務処理責任者一覧と同じ日付で単なる記載ミスではない（写真8）。

補修年月日は、名簿の処理が終わり、すべての項目に二重線を引き、公報済の印が押された日である。そして陸軍の場合は各都道府県↓各県の市町村の兵事課（戦後は援護課）に連絡し、戦死公報や遺族年金の手続となる。海軍は厚生（労働）省が一括管理している。

また5ページ目には、「6月22日には、司令部所在地の敵の包囲するところとなり、23日未明司令部の生存者は軍司令官以下麻《〔ママ〕》文仁の岡《〔ママ〕》において自決しました」と厚生省横書き罫紙に書かれていた。これは戦後処理をした際に加えられたと思われるが、同じ留守名簿内でも矛盾した記述になっている。

②謎の陸軍省発表（1945年8月4日）

沖縄戦についての記録の中に祖父の自決日を6月20日と記したものはない。関係があると考えられるのは、大将への任官（昇進）で、日付は20日であった。

1945年8月5日付の各新聞で、陸軍省と海軍省から、沖縄戦第32軍司令官牛島満と海軍の沖縄根拠地司令官大田実が昇進したとの報道が掲載された（写真9）。

牛島の大将任官日とされる6月20日から45日もたった8月4日、陸軍省の発表であった。写真10（42ページ）は、牛島家にあったその任官辞令である。あわせて海軍・沖縄方面根拠地隊の大田実司令官も中将に昇進した。

発表の文面は難しい語句が羅列されているが、当時はよく使われていた言葉だ。語句の意味は、「邀撃《ようげき》」は迎え撃つ、「神算《しんさん》鬼謀《きぼう》」は、非常にすぐれた計画・人間技とは思えないほど優れたはかりごと、「醜敵《しゅうてき》を撃摧《げきさい》」は醜い敵をうち砕くことだそうだ。「壮烈純忠」は、勇ましく立派に私欲のない純粋なまごころで、

「大義に生きる」は天皇のためにつくすという意味になる。

問題は「六月廿日壮烈純忠の大義に生きたる」の六月廿日（6月20日）であろう。6月13日、小禄の海軍壕で自害された大田司令官は「敵を撃破遂に壮烈なる戦死を遂げたる」とあり、戦死と明記し特に日付も記載されていない。ふたりの文面を比較すると壮烈の後に続く大田司令官の場合は「戦死」、牛島司令

牛島中將・大將に
大田少將・中將に進級
沖繩血戰に善謀 陸海指揮官

任陸軍大將
陸軍中將 牛島滿

任海軍中將
海軍少將 大田實

写真9　牛島満、大田実司令官の昇進を伝える新聞（1945年8月5日朝刊）

陸軍省発表（昭和二十年八月四日）
沖縄本島に上陸せる敵を邀撃《ようげき》し、神算《しんさい》鬼謀《きぼう》三ケ月に亘り醜敵を撃摧《げきさい》せる後六月廿日壮烈純忠の大義に生きたる同方面陸軍司令官牛島満中将に対し今般左の通り発令せられたり
陸軍中将　牛島　満
任陸軍大将

海軍省発表（昭和二十年八月四日）
昭和二十年四月敵沖縄に上陸以来同方面海軍地上部隊指揮官として善謀勇戦三箇月に亘り大いに敵を撃破遂に壮烈なる戦死を遂げたる左の者に対し今般頭書の通り進級せしめたり
海軍少将　大田　實
任海軍中将

写真10　牛島満の大将任官辞令

官の場合は「大義に生きたる」となっていて、戦死＝自害・自決を意味すると読むことができる。牛島の記述の突然挿入された6月20日が謎である。

大将昇進が本人に伝わっていたかについては、奥田浩一郎著『沖縄 軍司令官牛島満』（芙蓉書房 1985年）では、《昭和20年6月20日付で、牛島は陸軍大将に任じられた。陸軍省からの電文を持って報告に来た電報班長の大野少佐に対し、牛島は「ああ、そうですか……」とひとこと言ってニッコリ笑った。続いて第十方面軍司令官安藤利吉大将から第32軍に対する感状が入電した。》（222ページ）とあるので、この記述では昇進日その日に伝わっていたことになる。事実はどうであろうか。

この陸軍省の牛島司令官の自決日は6月20日と思わせる発表は、留守名簿や戸籍の戦死日に反映された。確かに留守名簿の階級欄に6月20日付で、赤字で中将から大将への訂正がされている。また、前述した戸籍にもそう記載されている。

③防衛庁防衛研修所戦史室著『沖縄方面陸軍作戦』では

当時の陸軍省は、何を根拠に6月20日戦死を公表したのだろうか。まず公式記録『沖縄方面陸軍作戦』から、第32軍摩文仁司令部と大本営や上部とのやり取りを見てみる。

『沖縄方面陸軍作戦』によれば、６月18日牛島司令官名による大本営参謀次長および第10方面軍安藤大将宛の決別電報《大命を奉じ挙軍醜敵《しゅうてき》撃滅の一念に徹し、勇戦敢闘、茲《ここ》に三箇月、全軍の将兵鬼神《きしん》の奮励《ふんれい》努力にも拘わらず、陸海空を圧する敵の物量制し難く、戦局正に最後の関頭に直面せり。……満（＝自分）、不敏不徳の致す所、事志《こところざし》と違い今や沖縄本島を敵手に委ねんとし、負荷の重圧を継続する能わず。上　陛下に対し奉り、下国民に対し真に申し訳なし。……最後の決闘に当たり既に散華せる麾下《きか》数万の英霊と共に皇室の弥栄《いやさか》と皇国の必勝を衷心より祈念しつつ、全員或は、護国の鬼と化して、敵の我が本土来寇《らいこう》を破摧《はさい》し、或いは神風となりて、天翔《そらかけ》けり、必勝戦に馳《は》せ参《さん》ずるの所存なり。……遙かに微衷《びちゅう》を披瀝《ひれき》し、以って決別の辞とす。》（５９９ページ部分抜粋）

６月20日には、19日付の第10方面軍司令官安藤利吉大将から第32軍へ、《牛島部隊　これ軍司令官の適切なる統帥の下、挙軍一体尽忠の誠を致し……その善謀敢闘は真に全軍の龜鑑《きかん》たりとの感状が届き、司令官以下感激し、返電が出された。》とある。

６月21日、《陸軍大臣及び参謀総長から軍司令官あてに訣別電報が到着し、この電報により米第10軍司令官シモン・バックナー中将が６月17日真壁付近で戦死したことが伝えられた。八原高級参謀は「バックナー中将の戦死を知り、司令官の自決に先立ち敵将を打ちとった愉快さを感じたが牛島将軍は少しもうれしそうなところがなくむしろ困ったようであった」》との記述もあった。もちろん『沖縄方面陸軍作戦』の20日には、牛島の自決の記述はない。

20日の司令部周辺の様子を八原博通氏の『沖縄決戦』では、《今日はいよいよ乱戦だ。やがて敵戦車二十数輛、東方のなだらかな稜線を超えて、（牛島註：司令部のある）摩文仁高地に集中射撃を加えながら徐々に接近して来る。……磨文仁部落の周辺を、さんざん暴れ回った敵戦車群が東方稜線の彼方に後退し、姿を消すとともに二十日の日も暮れた。》と述べている。

摩文仁の壕内では司令官が自決したなどの緊迫した雰囲気の記載もない。司令部近くまで敵が迫ってきていることは確かであった。同日摩文仁司令部と各兵団の連絡は途絶えがちであったが、この日はまだ、東京の大本営や台湾の第10方面軍などとの暗号による無線の通信は可能であった。もし、同日に司令部のトップの自決が実行されていれば、上部の大本営や第10方面軍に報告がなされないはずはない。

『沖縄方面陸軍作戦』は《両将軍（牛島註：牛島と長）は西郷南洲の城山などの故事を語り、……一同と別かれを告げ二十三日午前四時三十分古武士の作法に従い従容として自決した（註：沖縄憲兵隊萩之内清大尉の回想記録）。》（603ページ）と記述されている。

さらに、もし司令官自決が20日であれば、前述した安藤大将の感状もバックナー中将戦死の報を聞いた牛島の反応の逸話も虚構となる。

まさに戦時中の陸軍省は、第32軍司令官を20日に自決させてしまったのである。

私の知る限り、『沖縄方面陸軍作戦』をはじめすべての沖縄戦の記録や戦史には、「司令官牛島満と参謀長長勇は摩文仁で自決した」と書かれている。6月22日か23日の違い、場所が壕の海側の入り口前か丘の上か、自決方法には諸説あるが、ほぼ同じ日時に自決したとされている。牛島が6月20日、長が22日と二日間も隔てて自決が行われたという証言も記録もない。

④陸軍省発表・ありえない20日説

結論からいうと、まず6月20日説は、誤りである。牛島は20日も21日も生存していた。それは、多くの第32軍司令部からの生還者や残されている旧軍関係書類からも各記録の突き合わせのないまま、陸軍省発表に基づき『留守名簿』の処理が行われているからであろう。なぜ陸軍省は6月20日を自決日とする発表を行ったのかは、謎である。

この謎の鍵は、当時の陸軍省の任官手続きが国立公文書館に遺されていた文章にあった。

「陸人第九二四号
陸軍中将　牛島　満進級の件／別紙上奏書及信達候也／昭和二十年七月十四日／陸軍大臣　阿南惟幾／
内閣総理大臣　男爵　鈴木貫太郎殿
追て本人は第三十二軍司令官として沖縄諸島方面に出動其の功績顕著なる處六月二十日戦死せる者に有之候条同日附発令相成度候」
「陸軍中将正四位勲一等功二級 牛島満 任陸軍大将／右 勅旨ヲ奉シ謹テ奏ス 昭和二十年七月二十三日／内閣総理大臣男爵 鈴木貫太郎」(JACAR［アジア歴史資料センター］Ref.A03023560400、任陸軍大将 陸軍中将 牛島満［国立公文書館］)

これらを読むと、牛島の大将任官は、1945年7月14日阿南陸軍大臣が鈴木総理大臣に大将進級を具申し、同月23日鈴木総理大臣が天皇に上奏して決定したことになる。その際、「第三十二軍司令官として……其の功績顕著なる處六月二十日戦死せる者」とあり、陸軍省として6月20日を牛島の戦死日と認定した。

なお、大田実海軍根拠地隊司令官については、海軍大臣が七月二十一日、表紙に「本件は日付遡及の死亡者に付特に六月十三日付をもって敍位発令方取計られ度　内閣」との付箋が糊付けされた「大田實敍位の件　六月十三日付」の具申を鈴木総理大臣に行った。そして7月23日に大田少将は、実際に自害された6月13日に遡って中将に任官する上奏が行われた。

『沖縄方面陸軍作戦』の自決についての記述には、註が付けられていた。

《註　牛島中将は鹿児島出身で西郷南洲（牛島註：隆盛のこと）の後輩にあたる。西郷南洲は日本陸軍最初の大将であり、牛島中将は戦死後、日本陸軍最後の大将になった。》（603ページ）

この「牛島中将は戦死後、日本陸軍最後の大将になった。」という記述は、重要である。戦死した兵士や将校の戦死後の階級昇進は、階級によって遺族年金額が変わるため、よく行われていた。もし、この註の通りであれば、『沖縄方面陸軍作戦』では、「23日に自決し、戦死後大将に任官された」と記述し、陸軍省発表の6月20日付陸軍大将昇進」及び天皇の印「御名御璽《ぎょめいぎょじ》」の押された任官辞令との食い違いについて説明しなければならない。しかし、同書は任官日が20日であることを知りながら、「戦死後昇進」だけの記述になっている。

『歴代陸軍大将全覧―昭和編／太平洋戦争期』（中央公論社　２０１０年）で、歴史家の横山恵一氏は《牛島が陸軍大将昇進を上奏されるのは7月23日です。戦死された6月20日は牛島はまだ洞窟に潜んでいました。そこで牛島は「大将に親任された後で戦死した」と言う人が出てきます。日付を追えば、確かにそのとおりですが、あくまで戦死認定による大将昇進なのですね。》（３０７~３０８ページ）と述べている。

牛島の家族も生存中の大将昇進にこだわっていて、私も「祖父は、大将で戦死した」と言われて育った。しかし、こうした任官手続きの書類が残されている以上、横山氏の指摘通りで間違いないであろう。『沖縄方面陸軍作戦』も八原博通氏の『沖縄決戦』でも6月20日以降の摩文仁司令部壕内での大将昇進の話は出てこない。摩文仁の丘に建てられた墓標も「故陸軍中将牛島　満閣下」となっていることから、牛島の生存中には大将任官は手続きはとられておらず、決定することもなかった。当然、摩文仁司令部の牛島本人には無線でも伝えられるはずはなかったのである。

推測の域を出ないが、陸軍省が6月20日を戦死日と認定したのは、大本営・第10方面軍と第32軍との無線連絡が途絶えたからではないかと考える。多くの国外に派遣された部隊が壊滅した際にも同様の扱いがなされたようだ。

私は、祖父の大将任官の手続きやその扱いを調べながら、怒りを通り越して言い知れぬ絶望を感じた。

Ⅰ章で紹介した元62師団の兵士近藤一《はじめ》さん（首里戦線で負傷し、南部撤退を経て、生還した）は、中国と沖縄のふたつの戦場を経験した。そして「日中戦争では、日本軍が中国の兵士や住民をボロ雑巾のように扱った。沖縄戦では、大本営や第32軍司令部は、我々日本軍兵士をボロ雑巾のように捨てた」とよく話されていた。一般の兵士と同じように牛島もまた陸軍省からある意味で同様の扱いを受けていたのではないか。

戦争とは、そういうもの、あの時は仕方がなかったですますことはできない。日中戦争からアジア太平洋戦争の開戦を決定し、指導してきた人たちから、戦後、敗戦の原因や戦死日の特定ができないなどの戦死などのずさんな扱いについて、その実態や謝罪の言葉を聞いたことがない。国外の戦争に駆り出され、命を落とされた方々への、駆り出した側「国」と当時の指導者が責任を果たしたとは言い難い。いまだに放置されている遺骨の収集問題もしかりである。国内での地上戦である沖縄戦でも同様であった。

戦死日が「よくわからない、調査をしていない」のならば、「不明」または、「〇日～〇日の間」でも良かったのではないか。残された者・遺族にとっては誤った戦死日を戸籍や留守名簿に記入されるより、余程ましだと私は思う。それらしい日を伝え、現実を覆い隠すような扱いを戦中・戦後されてきていた。命日が「不明」のままだといつまでも心の整理がつかないこともある。納得のいく調査が済むまでは、動員した「国」の責任が問われ続けることになるのではないかと考えた。「英霊」として祀り上げられて解決するものではない。

さらなる疑問は、牛島とほとんど一緒に自決した長勇参謀長の戦死日が、前述した留守名簿には二十二日になっていることをどう説明を付けるのだろうか。前述の通り、『沖縄方面陸軍作戦』をはじめすべての沖縄戦の記録や戦史には、「司令官牛島満と参謀長長勇は摩文仁で自決した」と書かれている。牛島が6月20日、長が22日と二日間も隔てて自決が行われたという根拠はどこにあるのだろうか。留守名簿の「23日未明司令部の生存者は軍司令官以下……自決しました」との厚生省横書き罫紙一枚の添え書きで済ますわけにはいかない。

あまりにもありえない20日説は、非公開の公簿処理に反映された。留守名簿が公開された今、自決日の矛盾が浮かび上がってきた。『沖縄決戦』によれば、自決決行直前、《いよいよ時間も迫るので洞窟内に残った者がみんな一列になって次々と将軍に最後の挨拶をする。平素正しいと思ったら、参謀とでも殴り合いをした利かぬ気味の大野少佐が、一点の邪気のない神のような涼しい顔で走りよって、大本営宛の最後の電報を打ち終わった旨報告した》（388ページ）とある。この大本営宛の電報の日時が分かれば、22日か

23日かも含めて解決するかもしれない。

戦後、牛島家は何度か戸籍を取り寄せていたが、20日についての話を家族から聞いたことはなかった。陸軍省・復員省が作成した留守名簿の残務整理を引き継いだのは第一復員省（陸軍）と第二復員省（海軍）で、その後は厚生省、厚生労働省である。

戦後留守名簿の処理をした1948年頃までの時期、『沖縄方面陸軍作戦』が執筆された1968年までの間、これらの実際の戦史と戦死の矛盾についてただす機会があった。45年8月4日陸軍省発表を書いた旧軍関係者と防衛庁防衛研究所戦史室の研究員が自決日の齟齬《そご》を追究していれば、この謎と混乱は解決されていたはずである。しかも、第32軍司令部ナンバー3の八原博通元大佐が生還し、戦後の1946年7月から第32軍残務整理部長として留守業務を行っていた。いくらでも訂正することはできたのではないか。

6月20日の謎を解く資料は、まだ厚生労働省に眠っているかもしれない。日本陸軍最後の大将の任官と戦死の扱いの数々の矛盾を、私は今からでも解明したいと思っている。

3　司令官「自決」は6月22日か23日か？

①牛島家は22日を命日にしていた

私は幼いころから、祖父について祖母や家族から言われてよく覚えていることは二つある。一つは祖父の命日は、6月23日でなく6月22日。二つは中将ではなく、大将だったことだった。よく戦死をすると階

写真11　牛島家の墓誌

級が上がることがあるが、それではなく自決前に大将になっていたと言われていた。学校を休んで靖国神社に行くのが毎年22日だったので、子どもながらに祖父の命日が22日というのは納得がいった。階級については、世間で言うのと違うこともあるのか、と思って育った。

ではなぜ牛島家が、22日を命日にしているのか。東京の青山墓地にある牛島家の墓の墓誌には、「陸軍大将従三位勲一等功二級昭和二十年六月廿二日卒　牛島滿　實滿　四男　享年五十九歳」と刻まれていた（写真11）。（現在は、滿以下の墓は埼玉県大宮市に移転している。）

祖父の葬儀・告別式は、翌年の１９４６年の月命日である10月22日、東京の青山斎場で執り行われている。

これらのことから、牛島の留守家族には戦死の知らせが6月22日と伝えられたのは、間違いない。しかし、残念ながら何時、誰が、何と伝えたかを知る人は、すでに他界してしまった。今さらながら生存中に聞いておくべきだったと後悔している。

戦後、雑誌のインタビューで、祖母は小学校3年生の四男と福島県郡山に疎開していて、疎開先で祖父の訃報に接したと答えている（小学館「微笑」１９７4年8月31日号）。

②様々な自決日表記と大田昌秀氏の整理

前項では、『沖縄方面陸軍作戦』を引用して、自決日が6月20日でないことを示した。しかし、牛島家の命日は22日、『沖縄方面陸軍作戦』の自決日は23日となっている。この相違はどこから生まれたのか、祖父の自決日はどちらが本当なのか？　新聞やテレビ・ラジオ放送、インターネットニュースなどでは、いまだに「6月23日の司令官の自決をもって組織的戦闘が終了し、沖縄戦は終わりました」と表現しているものもあるが、最近では「司令官の自決は22日（23日説もある）の午前4時頃」という記述が多くなってきた。逆の23日（22日説も）の表現もある。

沖縄戦研究者で元沖縄県知事の大田昌秀氏は、２００９年に雑誌「世界」で作家・元外務省主席分析官の佐藤優氏との対談「歴史の闇に隠された沖縄戦」で、祖父の自決日について詳細に語っている。この対談をまとめた『沖縄は未来をどう生きるか』（岩波書店２０１6年）から引用する。

《沖縄守備軍司令官牛島満中将と長勇参謀長の肝心の自決の日付にしても、また自決の手段、方法にしても、まだ真実は、明確とは言えないのが実情です。》（73ページ）

大田氏は、①ワシントンの国立公文書館での新聞調査では22日説が多数、②日本で発行された百種の本論文では23日説が大半、③慰霊の日が22日から23日に変更された琉球政府時代の立法院の議論の経過、④神《じん》航空参謀の手記の記述に触れた後、次のように続けた。

《県や日本側の資料に六月二三日説が多いのは、おそらく沖縄守備軍の八原博通作戦参謀が、自著『沖縄決戦』（読売新聞社 一九七二年）で、自らの目撃談として六月二三日を唱えていることが、多くの文献にそのまま引用されたのではないかと思われます。じつは、私自身も彼の説に依拠して、自著に「二三日」と書いたこともあります。というのは他でもなく、八原参謀は、かつてワシントンの日本大使館付武官を務めたことがあり、英語も達者で、沖縄守備軍の中では最も知性的な人物として知られていたので、彼の手記こそが信頼できると思ったからでした。》（77ページ）

1977年に初版が出版された『これが沖縄戦だ』（大田昌秀編著 琉球新報社）では、「山頂の奪還は失敗した。やむなく両将軍は海岸寄りの洞窟出口近くに着座相ついで自決した。……6月23日午前4時過ぎのことで」（206ページ）となっている。元鉄血勤皇隊として沖縄戦に動員された大田氏が、以前は23日説に依拠した理由は、八原高級参謀の『沖縄決戦』であることを明らかにし、その他の著者の沖縄戦関連の著作も同様であろうと述べている。

公式記録である『沖縄方面陸軍作戦』も、八原氏の「第32軍高級参謀八原博通大佐の戦後の回想」（防衛省防衛研究所）からの引用が多い。しかし、「一同と別れを告げ23日午前4時30分古武士の作法に従い従容として自決した」との記述の引用は八原氏の回想からでなく、なぜか「沖縄憲兵隊萩之内清大尉の回想記録」となっている。後述するが、萩之内氏は自決現場には立ち会っていない。

③自決の目撃者—司令部付料理人・NAKAMUTA氏の尋問調書

ここで自決日について私なりに問題点を整理してみる。

戦後様々な牛島、長の自決に関する記述や証言を掲載した出版物が多数発表されている。その多くは伝聞によるもの、出版物からの「知識」を披露される方も多い。実際に自決現場に立ち会い生還された方はごくわずかである。また、当時の追い詰められた状態で日時をはっきり記憶したり、記録したりした人はもっと少ない。大田昌秀氏によれば確実に現場にいて、自決を見届けた証言として信頼のおけるのは、軍属司令部付の料理人NAKAMUTA　TETUO氏である（以下ナカムタ　テツオとするが、引用文は原文のままローマ字表記にする）。

大田昌秀氏は先の対談で次のように紹介している。

「第七歩兵師団訊問記録第四五　牛島中将と長参謀長の死に関する三人の捕虜訊問」によると、次のような証言がなされています。

一人は、NAKAMUTA　TETUOと称する軍属で、司令官付料理人。彼は、一九四五年六月二三日に摩文仁で捕虜にされた。いま一人は、水島八郎という名前の軍属。軍司令官所属の映写技師で、六月二三日に摩文仁で捕虜となった。さらにもう一人は、濱川昌也という者で、彼は、守備軍首脳を護衛する衛兵下士官で、六月二二日に具志頭《ぐしかみ》で捕虜となっています。

ちなみに米軍情報部は、これら三人の証言について次のような評価を下しています。

右記の捕虜に対しては、牛島と長両首脳の死に関する詳細についてのみ訊問した。NAKAMUTAは、博多で一二年間コックとして働き、一九四五年一月に徴用され、司令官とそのスタッフの料理人として沖縄に送られた。一月一八日以来料理を作る任務に従事。彼は単なる料理人で正規の軍人ではない、と述べた。彼は両首脳の自決の目撃者である。

水島は映写技師で、その仕事のために徴用された。機器やフィルムが砲撃で焼失し、以来司令部に配置されて、「自決」が行われた時、司令部にいたが、自決は目撃していない。

濱川は、先の二人より一日前に捕虜となった。彼は第三二軍司令部壕の確認に際し手助けをした。その事件の日付と時間についても手助けをした。彼は衛兵の一人で、二二日の二三時三〇分に、壕から去るように告げられて、壕を離れた。

他に訊問した捕虜は、ヨシノ　モリタケとフクダ　トモアキである。

以下は、右記の捕虜全員の訊問証言で、各証言は確認のためにそれぞれが相互に照合された。そのため彼らの証言は信頼できるであろう。牛島と長の自決の件に関しては、殆んどがＮＡＫＡＭＵＴＡの証言に基づいている。

そのナカムタ証言は次の通りです。

一九四五年六月二一日夕刻、料理人ＮＡＫＡＭＵＴＡは、、特別な晩餐をその晩二二時頃に供するように指示された。料理人は、その重要な意味を、その時は気付かなかった。米飯、缶詰の肉、ジャガイモ、魚のフライ、鮭、味噌汁、新鮮なキャベツ、パイナップル、茶、酒が準備された。料理人はいつもどおり、すぐに翌日の朝食と昼食の準備にかかった。通常昼間にはそれができなかったからである。六月二二日午前三時頃、料理人は、司令官の当番兵から、両首脳が「切腹」する、と聞いた。午前三時四〇分頃、軍服に階級章を着装した両首脳が副官たちを従えて、海側の出口を出て行った。料理人は付いて行き、その様子を出口から見ていた。当番兵が、出口から約一〇ヤード離れた地面に掛布団を敷き置いて、それを白布で覆った。牛島司令官は古式に則って座し、その左側に長中将が座した。両首脳とも海側に向いていた（南東方向）。（捕虜に、なぜ彼らは皇居の方向を向かなかったか、訊くと、そうするには十分な空間が無かったと答えた。）両首脳は、上着を開く前に、少し会話した。吉野中尉が持っていた二本の短刀を渡し、坂口大尉が刀剣を持って牛島司令官の右側に立った。牛島司令官が短刀を突き刺すと同時に、刀が振り下ろされ、司令官は倒れた。長参謀長がそれに続いた。

ここで料理人は壕へ戻ったので、遺体がどのように処理されたのか見ていない。捕虜全員が、遺体は壕の外に埋葬された、と信じている。三人の当番兵が遺体の処置を行なった、と捕虜たちは証言した。

また、これとは別に、六月二六日付の第二四軍G２報告書にも、NAKAMUTAのほぼ同様の証言が記載されています」（82～84ページ）

④自決直前の目撃者—司令部衛兵司令・濱川昌也氏

続いて、「第七歩兵師団訊問記録第四五　三人の捕虜訊問」の三人目の濱川昌也氏の証言である。濱川氏は直接自決の目撃者ではないが、自決の直前まで司令部壕内にいて、約4時間前に命令により壕を出ている。濱川氏の著書『私の沖縄戦記』（那覇出版　１９９０年）では、自決は「時に昭和二十年六月二十二日午前四時三十分ごろである。全ての沖縄戦記では軍司令官の最後を六月二十三日としているがこれは誤りである。」（２０６ページ）と断言している。大田昌秀氏は濱川氏の従弟で、第32軍司令部の衛兵司令（軍曹）

であったことから、「職責から日夜首脳陣の身近にいたこともあって、記述は具体的で他のいかなる類書にもまして説得力がある」（『私の沖縄戦記』序文に寄せてより）と、記している。ただしこの当時の大田昌秀氏は、昌也氏の自決日に関しては十分には納得しがたいと記述していた。

これもまた少し長くなるが、自決に至る摩文仁司令部壕の経過について、『私の沖縄戦記』から引用する。

《六月二十一日、一時は衰えていた砲撃も、今朝になって再び烈しくなってきた。五月二十九日にここにたどり着いて以来今日で二十四日目となる。当初抱いていた〝何とかなるだろう〟との生への望みも既に絶たれ、連日の猛爆撃にさらされて神経はすり減り、頭はもうろうとしてもはや、恐怖も何も感じなくなっている。》（199ページ）

《時に六月二十一日正午ごろである。かくして摩文仁丘山頂は米軍によって馬乗り制圧された。硝煙たちこめる洞窟内に閉じ込められた将兵は、なす術もなくただ右往左往するのみである。荒寥殺伐とした空気が洞窟内に満ち、どの将兵の顔にも「ああ！　これで今日限りの命となった」と絶望と恐怖の色が溢れていた。》（202ページ）

《そうこうしているうちに夜になった。再び山頂奪回のための切り込み隊が編成されることになり、全将兵は〝座して死ぬまで死ぬよりは華々しく突撃して最後を飾らん〟とばかりに競って志願し、その中から選ばれた屈強な兵から第一隊、第二隊、第三隊と編成されていった。出口は海岸側に向かっている開口部のみである。幸いにしてこの開口部は入り組んだ岩影にあり敵から発見されにくい場所にあった。……夜襲に出掛けた切り込み隊が山頂に達したと思われるころ、激しい銃声が起こりしばらく続いたが、そのうちピタッと止んでしまった。しかし突撃を敢行した切り込み隊からは、ついに山頂奪回に成功したとの報告は無かった。》（204ページ）

《山頂奪回の望みが絶たれた後、残された将兵は、突撃組と脱出組、自決組に分けられ、さらに突撃組が出撃するのを見送りながら牛島軍司令官と長参謀長は自決することと決まった。》（205ページ）

《洞窟内に残った将兵は起立して頭を垂れて両将軍を見送る。介錯役は剣道五段の坂口大尉が務めたが、右手を負傷していたため牛島軍司令官の介錯のとき、ちょっと手許が狂ったようだ。軍司令官は予め青酸カリの注射をされていたようである。長参謀長の切腹は見事なもので、古式に則った作法を全うしている。〝大将の首級は敵手に渡さず〟、……敵手に渡ることを最大の恥辱とする日本古来の武将の習慣により、両将軍の首級は当番兵の高橋兵長と軍属の魚住豊明によって白木の箱に納められ、洞窟外の何処かに運び去られた。後日この二人も米軍の捕虜となり、為に両将軍の首級のありかも米軍の知るところとなって、六月二十六日ごろ米軍の手によって発掘されたとのことである。時に昭和二十年六月二十二日午前四時三十分ごろである。全ての沖縄戦記では軍司令官の最後を六月二十三日としているがこれは誤りである。二十一日正午ごろ馬乗りされて山頂を米兵に占拠されている下で、最高司令官や参謀長が、暢暢《のんのん》と生きながらえているはずがない。》（206ページ）

摩文仁の丘は、標高約89メートルあり、当時は89高地とも呼ばれていた。東西に細長く北側は摩文仁の集落、南側には断崖絶壁の下はサンゴ礁で海が広がっている。集落から山頂までの標高差は38メートルもある。現地に立ち、さらに摩文仁司令部壕内に入ってみると、濱川氏の「二十一日正午頃摩文仁の丘の山頂を米兵に占拠され、最高司令官や参謀長が、生きながらえているはずがない」との指摘は十分説得力がある。

地図（航空写真）に航空写真に摩文仁の司令部壕を重ねた（口絵F参照）。山頂は東西約30メートル南北10メートル未満の楕円形で、その下にひらがなのへの字を逆さまにしたような長さ約80メートルの坑道が通っている。山頂と坑道の標高差は約10メートルで、摩文仁の集落側と海側に入り口がある。への字の折れた部分に海側の開口部（岩の割れ目）があり、その近くに垂坑道があり、地上に繋がっていて、縄梯子をかけて上り下りしていた。

このように狭い丘の山頂部分を米軍が占領して日本兵を探索している中、摩文仁集落側入り口は砲撃と日本軍の爆破で閉じられていたとはいえ、海側の入り口は開いており、一日半も司令部壕が見つからなかったというのは不自然であろう。

⑤遺体確認の憲兵隊・萩之内清氏の証言

大本営と日本国民が牛島と長の自決を初めて知るところになったのは、米国のサンフランシスコ放送であった。１９４５年6月30日の毎日新聞は、「牛島最高指揮官、長参謀長　敵前で壮烈な割腹」「偲ぶ　沖縄両将軍の最期」との見出しで次のように報じた。

《6月27日午後5時のサンフランシスコ放送は『沖縄の南西海岸の浅い石の墓に沖縄方面日本軍最高指揮官牛島満中将並びに参謀長（註：長勇少将、牛島註：当時は中将）の死体が発見された。両官とも軍服を着用、腹を十文字に切り首は介錯者により斬られていた』と報じられていることが判明。両将軍の壮烈な

最期が明らかとなった。》

萩之内清大尉は、自決の際の介錯を行った副官坂口大尉に介錯のやり方を教え、祖父の遺骨を戦後一時期鹿児島の自宅で安置されていた方である。萩之内氏は自決の場に立ち会ってはいない。住民壕にいた氏は、23日に米軍の捕虜となり、24日に牛島と長の遺体確認をした。これが30日付毎日新聞などのアメリカのニュースとなっている。当時の日本側の報道は、すべてこのアメリカのニュースの引用である。

米軍の遺体確認は、次のように行われた。

鹿児島で暮らす萩之内清氏（取材当時83歳）は、琉球新報のインタビューで、次のように語っている。記事から紹介する。

《萩之内さんが捕虜になったのは6月中旬、玉城村内の壕。知念方面への脱出の機会をうかがっていた時だ。「部下に勝連准尉、平良曹長など憲兵隊10人ほどがいて、壕の中は民間人も20人ぐらい入っていた。私は脱出には軍服でなくセルの着物に着替えていた」

部下たちと別れて民間人として収容された萩之内さんに、米軍の情報将校が不思議とひんぱんに接近してきた。「その時からわかっていたと思う」と萩之内さん。

その情報将校は、萩之内さんに「牛島は戦死しないで潜水艦で逃げた」と6月20日ごろから何回となく繰り返し、萩之内さんはそのたびに「そんな方ではない」と否定した。

6月25日(米軍尋問調書によれば24日)ごろになって、「牛島を知っているなら死体を確認できるか」と言い、萩之内さんを摩文仁へ連れ出した。

「『首実検』に連れて行かれたのは海岸側司令部壕の下方30、40メートルのところ。同じ場所に並べるようにあり、くぼ地に石を積んで埋めてあった」と言う。沖縄戦を指揮してきた二人の軍首脳の最期の姿だった。

遺体の一つは首がなかった。略章をつけた軍服に白い手袋。坂口中尉に介錯の作法を教えた萩之内さんは、それが故郷の先輩でもある牛島司令官と判断するのに時間はかからなかった。

もう一方の遺体は敷布二枚をつなぎあわせた袋の中に入っていた。ズボンは軍服だが上着はなく白い肌着を着ているだけだった。その肌着には墨で『忠即盡命　盡忠報国　長勇』と書かれていた。》（琉球新報　1984年3月26日）

遺体確認を行った萩之内氏は、戦後牛島、長の自決場面について、自身の調査に基づいて、「第32軍牛島満　長勇両中将の自決状況」について報告している。『沖縄方面陸軍作戦』の「一同と別れを告げ23日午前4時30分古武士の作法に従い従容として自決した」（603ページ）の註にある「沖縄憲兵隊萩之内清大尉の回想記録」は、2021年9月に防衛省防衛研修所に電話で問い合わせたが、所蔵されていないとの答えであった。

⑥嗚呼 両将軍と共に落ちし 摩文仁の月

防衛省防衛研修所に所蔵されている憲兵大尉萩之内清氏の「第32軍　牛島満　長勇両中将の自決状況」から引用する。

《六月二十日より戦車十両を先頭にする米軍に乗込まれたる摩文仁 89高地の第32軍司令部戦闘指揮所洞窟は、愈々《いよいよ》最後の段階近き感を深刻ならしめて居た。

茲《ここ》にもっとも正確なる軍司令部首脳部の古武士的な堂々たる日本軍人の最後を記述する。

月齢十二日上弦の月（牛島註：１９４５年６月22日）は青白く南海の海原を照しているが、遠浅『リーフ』より起臥《きが》する八九高地の奇岩は米軍の間断なき艦砲、重砲、迫撃砲又は豆を炒る様な機関銃、流石物量を誇る米軍の科学兵器の爆発、常夏の島の緑の地の肌も鉄火の坩堝《るつぼ》と化して仕舞った。

殉忠の姿其の儘《まま》に斬込隊は各壕より米軍陣地に突入して岩頭を紅に染めて居る。

二十三日午前四時一時頃愈々最後の数刻だ。牛島軍司令官、長軍参謀長の両中将閣下の和かなる会談は窮屈になる洞窟内で尚続いて居る。

開口部より十歩位の個所には蒲団の上に白布を敷いてある。両閣下自決の場所だ。

先づ参謀長閣下坐され軍司令官も坐された。薄暗の遥か東天に瞑目《めいもく》最敬礼され、S副官が御渡した軍刀を取られた。

愈々古式に則り切腹だ。米兵は足元の物音を察したか自動銃は火を噴き手榴弾は落下をして来る。

「ヤッ」、介助者の気合と共に暗に一閃又一閃遂に両閣下は立派なる自決だ。

悲憤の涙にくれた幕僚はいと静かに危険を排し現場より約七十米下方の岩下に仮埋葬した。Y専属副官は軍司令官の御首を棒持して退散し約百米去った時艦砲飛び来り四散した。

二十四日両閣下の霊体は米兵の発見するところとなったので自分は御仕末の為現地に急行した。嗚呼御見事なる御自決御最後だ。

嗚呼憶出は深き摩文仁89高地、幾多尊き生霊は草蒸す屍又は水清く屍今や砲煙絶えて満月は南海の波を照らして居る。》（「昭和20年6月20日〜6月22日　32A牛島満　長勇両中将の自決状況　32A憲兵大尉萩之内清」

防衛省防衛研究所所収　※読みやすいように漢字カナ文をカタカナをひらがなに直した。）

この萩之内清大尉の回想記録に基づく『沖縄方面陸軍作戦』の記述について、ドキュメンタリー作家の上原正稔氏は直接萩之内氏に問い合わせをしている。

《萩之内清氏は重要な「証人」である。なぜなら、防衛庁戦史室の『沖縄方面陸軍作戦』の伝える牛島司令官の自決日時 6月23日午前4時30分は、萩之内氏が防衛庁に提出した『戦闘メモ』（牛島註：回想記録）に基づいているからである。萩之内氏の手紙によれば「小生のメモでは確かに6月22日と記したはずであり、その後戦史室に問い合わせたところ小生の日誌は見当たらないとの返事を得た」。防衛庁戦史室の原剛氏に問い合わせたところ、日誌の写しは見つかったが、筆記者はどうやら八原博通氏らしいとのことで、日誌原本は行方不明となっている。

萩之内氏は筆者への手紙で証言している。「牛島、長閣下の自決は6月22日午前4時半ごろなる事は自信を持ってお答え申し上げます。6月23日は副官たち4人の自決です。既報のごとく小生は米軍側より観察したるため状況を確度甲と思います。情報蒐集《しゅうしゅう》（取材）は憲兵の専門です。もし日時が間違っておれば米軍将校が訂正してくれたはずです。申し上げるべくもなく小生は真実を本懐願いたいし、他説を徒に排撃することを致しません」……これで沖縄方面作戦の6月23日自決は根拠を失った。》（『沖縄戦トップシークレット』沖縄タイムス社 １９９５年２２０ページ）

⑦遺体写真について

さて、多くの沖縄戦関係の出版物に掲載されている写真「牛島と長の自決後の写真」がある。ここでは、これが牛島と長の自決後の写真かどうかを検証する（写真12）。

まずこの写真の撮影者である米軍カメラマンの英文キャプションは、「沖縄での日本軍の軍司令官牛島満と彼の参謀長長勇の遺体は第7師団の男によって発見された。両者は腹切りを犯した。6／22／45」とある。「6／22／45」は撮影日だと推測される。この写真を紹介する出版物は、日本語の写真説明を付ける際に6月23日と書いたことは明白である。

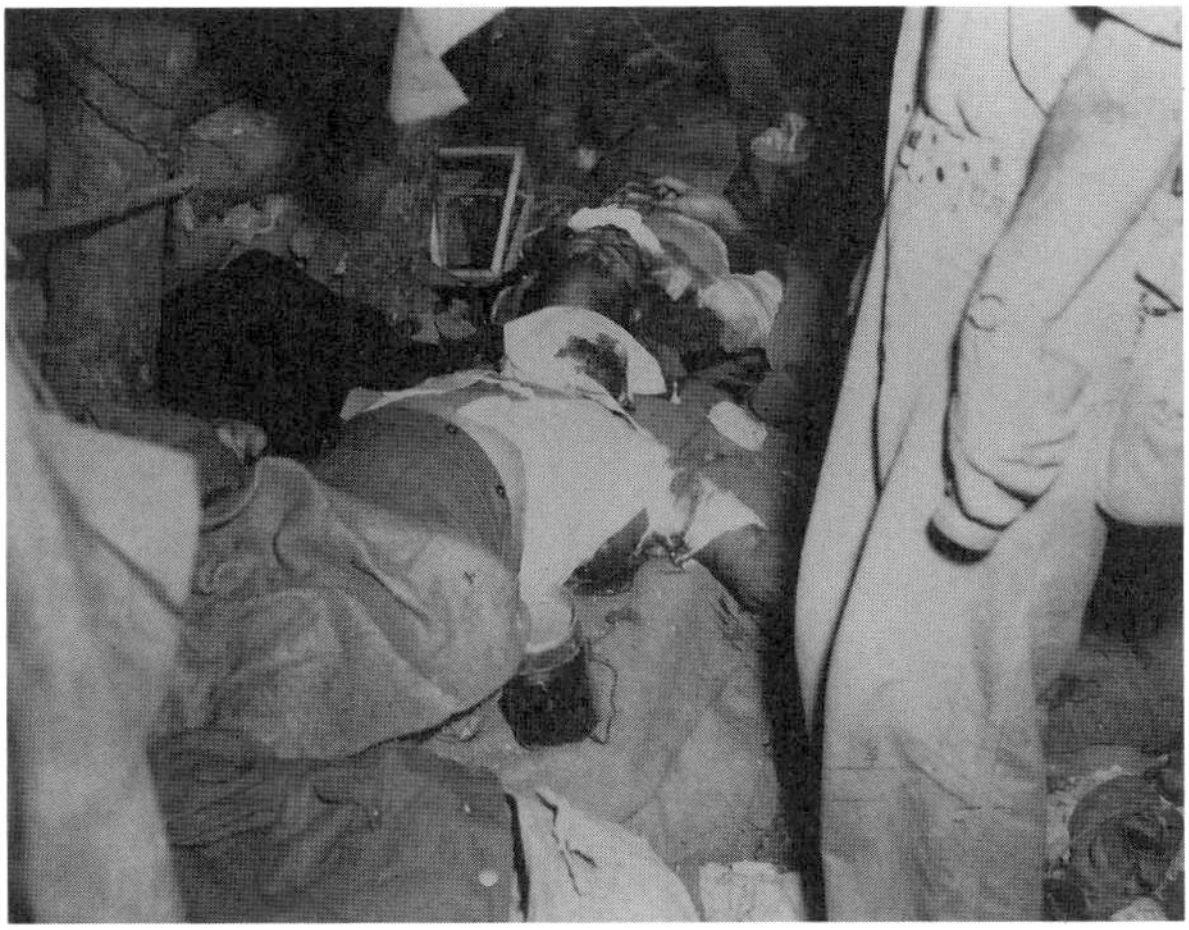

写真12　牛島司令官と長参謀長（手前）の遺体とされる写真
（沖縄県平和祈念資料館提供）

当時の第32軍司令部の関係者や、摩文仁司令部内の様子を知る証言と、この写真にはかなりの矛盾がある。両方の遺体には割腹自決の痕《あと》がなく、首がついている。憲兵隊萩之内清氏が牛島、長の遺体を発見した際のそれぞれの着衣、首などの遺体の状態が異なっている。また、先の萩之内氏のインタビュー記事でも、米陸軍が撮影した両将軍の自決現場の写真かどうか疑問視していた。

私は摩文仁司令部壕に１９９５年８月以来何度も入ったことがある（写真13）。

写真13　摩文仁司令部壕内を調査中の著者（2006年8月）

遺体の後ろに映っている壕の壁にも違和感がある。首里の司令部壕に比べて貧弱な自然壕である。琉球石灰岩の内部にできた空間で、場所によって坑道の幅が狭くなったり、床面の高さも低くなったり、天井までの高さも変化している。人の手によって坑道が掘られた首里の司令部壕とは大きく違う。これは、作戦で用いる陸軍の工兵隊が作った掩体壕や大砲を隠すための壕に比べても、より粗末である。

高級参謀八原氏著『沖縄決戦』によれば、「摩文仁に先行した木村、三宅参謀から、摩文仁の洞窟は軍の戦闘司令所として機能を発揮せずとの電報が来た」（320ページ）

「軍首脳部用の洞窟は山の八合目付近にある自然洞窟に手を加えたものである。……洞窟は天然自然のものだからところにより広狭区々で狭いところは、人ひとりがようやく通れる有様だ。天井から無数の鍾乳石が下がり鉄帽なしでは油断すると頭に怪我をする」（325ページ）とある。

この記述からは、壕の壁や天井が崩れたり、落ちたりしないように、坑木（支保工）で補強もしていなかったことが分かる。実際に入ってみると坑道内には、そうした支保工の跡が全くない。ただし、海側の壕の入り口を45年6月27日に米軍が撮影した写真には坑木が見られる。

一方、自決後の写真を見ると遺体の後ろの壁に、横に丸太がすき間なく重ねられていて、床から垂直に立てられた丸太にかすがいで止められている。この写真の壕は支保工の補強工事がされていていている壕だということが分かる。

すなわち写真の場所は、摩文仁司令部壕ではない。したがって、ここに映っている遺体は牛島と長ではない。また、この写真から割腹自決でなく、ピストルでの自決であろうという説も根拠を失う。

この写真は米公文書館所蔵の写真である。米軍撮影の多くの写真は、同じ日に同じ場所で撮影された数カットが連続してある場合が多い。この写真は沖縄県公文書館などで検索する際は一枚だけが単独であった。

現在、沖縄県公文書館には、摩文仁山頂上に立てられた牛島と長の墓標や、占領時に星条旗を掲げる写真を除くと、摩文仁司令部壕周辺や内部の写真があまり多くない。米公文書館には、そうした写真がまだ所蔵されている可能性がある。米軍が司令部坑道内部や、司令官遺体発見の決定的瞬間を見逃すとは思えないからだ。

66ページの写真は摩文仁の丘の山頂に立てられた牛島と長の墓標を、正面と裏から撮影した写真である（6月28日撮影）。墓標の裏は、大田昌秀氏が指摘したように昭和20年6月22日となっている（写真14、15）。

八原氏の『沖縄決戦』によれば、自決前に坂口副官は、自ら書いた《長さ三十センチ、幅十センチの板にそれぞれ陸軍中将牛島滿之墓、陸軍中将長勇之墓と墨書した墓標を見せて曰く、「高級参謀殿、私はいかなることがあっても両将軍の遺骸は収容して、この墓標を建てますからご安心ください》（385ページ）と言った。しかし、実際は坂口副官が言ったようには事態は動かなかった。

自決後、日本軍の手によって遺体や首は岩陰や石の下に隠したが、1945年6月24日に元憲兵隊萩之

内清氏やナカムタ　テツオ氏により遺体が確認された後、米軍の手に渡った。それ以降どうなったのかは不明である。

墓標が撮影された写真（6月28日撮影）は、坂口副官が用意した長さ30センチ、幅10センチの板の墓標とは違う、長さ1メートル以上の角材を用いた牛島と長の墓標が建てられている。阪口副官は「陸軍中将牛島満之墓」で、墓標は「故陸軍中将牛島　満閣下」とあり、書かれた文字も異なる。

状況からみて、建てたのは米軍と思われるが、角材に書かれている文字は、名前が「滿」と旧字が使わ

写真14　摩文仁の丘頂上の牛島と長の墓標（正面）。牛島満司令官と長勇参謀長の墓の前に日本人の捕虜が立っている（1945年6月28日。沖縄県平和祈念資料館提供）

写真15　裏から撮影した牛島(右)と長の墓標。はっきり6月22日と書かれている（1945年6月28日。沖縄県平和祈念資料館提供）

れていて、筆跡などから日本軍兵士および将校が書いたものと推測できる。

⑧「慰霊の日」は、なぜ6月23日か

ここで、毎年沖縄県の慰霊の日が実施されるようになり、6月23日になった経緯を見てみよう。琉球新報は2018年6月23日に「沖縄『慰霊の日』なぜ6月23日？　実は紆余曲折の歴史が……」と題する特集記事を掲載した。

《慰霊の日が公休日として定められたのは、沖縄が米統治下にあった1961年（昭和36年）にさかのぼる。

「沖縄戦没者慰霊奉賛会」（現在の沖縄県平和祈念財団）が、「戦没者慰霊の日」を制定するよう琉球政府へ陳情した。陳情では6月23日を慰霊の日にするよう提案している。その根拠は、沖縄に配備された日本軍の牛島満司令官と長勇参謀長が自決した日で、「軍司令部の機能が崩壊および全軍の組織ある防衛戦闘終止で玉砕の日に相当する」とある。》

当時の琉球政府立法院は、元旦、成人の日などの「住民の祝祭日に関する立法」の審議の中で、この陳情を受け6月22日を慰霊の日として制定し、スタートした。23日でなく、22日にした理由は議事録では不明瞭だが、米軍が6月22日を司令官の自決日としていて、組織的戦闘が終了した日＝日本軍が消滅した日として選ばれていることが推測される。

制定から4年後の1965年に22日から23日に改正された経過を、先の琉球新報の記事は紹介している。

《慰霊の日が「6・23」になったのは、最初の制定から4年後のこと。「住民の祝祭日に関する立法」の

改正により、慰霊の日の変更について再調査が行われた。その際、参考人として呼ばれた沖縄観光協会事務局長の山城善三氏がこう発言している。

「戦争史を研究しておりますが、それによるとちょっと一日のずれがあるのではないかというふうな感じをいたすのであります」

自決した日について、沖縄で編集されたほとんどの書籍が22日午前4時半とあるのに対し、大本営や東京で出版されたものは23日午前4時半とあると説明。さらに、沖縄戦時の高級参謀だった八原博通氏に直接聞き取りし、はっきり23日だと答えたという。山城氏の証言を元に、「慰霊の日は23日とする」と定めた条例が公布された。》

この時期は沖縄への慰霊観光が盛んになりつつあり、各県の慰霊塔が摩文仁の丘に次々と建てられていった時期でもあった（北村毅著『死者たちの戦後史』御茶の水書房　２００９年２９０ページ）。

その後、週休二日制の導入に伴い、慰霊の日の休日廃止の条例案が県議会に提案されるが、「法定休日がなくなれば一家そろって慰霊祭や平和行進に参加できなくなる」などの沖縄県民の声と、１９９０年海部俊樹首相が、首相として初めて県主催の「沖縄全戦没者追悼式」に参列したこともあり、地方自治法が改正され、沖縄県独自の「慰霊の日＝休日」が現在まで続いている。

慰霊の日が制定された１９６１年には、米軍の牛島司令官自決日を基にして沖縄戦の終結とされる22日とし、１９６５年は八原高級参謀などの証言や、「本土」出版物を参考にして23日に変更したということになる。

これまで述べてきた通り、自決日はどうやら22日であることは間違いない。また第32軍の兵士は、Ｉ章で展開したように6月19日「最後まで敢闘し」の命令で、沖縄戦は組織的戦闘から遊撃戦に転換しても、最後の一兵まで闘い続けることには変わりなく、沖縄戦は終らなかった。

では、慰霊の日はいつが適当かという話になるが、「恒久平和を希求し沖縄戦などの戦没者の霊を慰める」のを目的とするのであれば、沖縄戦が始まった3月23日から9月7日までのどの日を採用しても良いのではないかと思う。

「6月23日待たず……」とシンガーソングライターの海勢頭《うみせど》豊さんが歌う「月桃《げっとう》」の歌詞にあるように、県民の間では6・23が定着している。日を変更する必要はないと私は思うが、それは、沖縄県民が選ぶことである。

⑨せめて過去を振り返られるだけの資料の保存を

以前は、6月23日説を採用していた大田昌秀氏は前述の対談で、さらに①八原高級参謀の手書きの回想録、②古川成美『死生の門』（八原博通氏の手記を古川成美氏が編集した作品）、③米第10軍司令部情報部（G2）尋問調書（八原博通氏）、④米軍「第7歩兵師団尋問記録第45 牛島中将と長参謀長の死に関する三人の捕虜尋問」などの記述を詳細に検討した後、次のように述べている。

《私は牛島司令官と長参謀長が自刃した日は6月22日が正確ではないかと思っています。牛島司令官のお孫さんに伺ったところ、牛島家ではその日を命日しているとのことです。》（『沖縄は未来をどう生きるか』85ページ）

6月20日、22日、23日と「公式」には三つもある祖父の命日。一体、祖父の命日はいつなのであろうか？幼い頃から22日だと言われて育った私の素朴な疑問である。

疎開先の福島県郡山で祖母が聞いた訃報の中身、陸軍省からどのように戦死が伝えられたのかを知る人は、今はいない。しかし、私の祖父の場合、正確かどうかは別にして、沖縄戦で犠牲になった兵士や、沖縄の県民、朝鮮半島・台湾出身者の方々に比べて、多すぎる情報がある。それは軍人で軍隊組織の頂点にいたことによる。

アジア太平洋戦争期に限ってみても、国内での地上戦であった沖縄戦でも、東アジア、東南アジアへの派遣された軍隊でも、戦死日などが正しく留守家族に届かないのは同じであった。このような事態を引き起こしたのは、公式記録が軽視されたことも一つの原因であった。戦史や作戦記録、名簿など記録を残すことが希薄なのは、どうも旧日本軍ばかりではない。

現代はどうだろうか。見られたら都合の悪いものはすぐに捨てたり、燃やしたり、消したりして、なかったことにすることは、今の日本政府や防衛省でも行われている。

Ⅲ章

首里城と第32軍首里司令部壕——現状を知る上で重要な二つの調査

首里城（米軍空中写真・1945年4月2日　沖縄県立公文書館提供）

1 首里城焼失と地下の司令部壕

２０１９年10月31日未明の首里城焼失を契機に、首里城地下にある第32軍首里司令部壕（以下「司令部壕」とする）にも注目が集まった。沖縄県はこれまで「司令部壕の公開は難しい」と事実上保存・公開に向けた取り組みを中止していたが、公開を求める声の広がりに、２０２０年１月22日に第32軍司令部壕保存・公開検討委員会を設置して、公開へ向けた第一歩を踏み出した。１９９７年に沖縄県が公開を宣言してから、実に24年ぶりに埋もれたままになっていた地下司令部の戦争遺跡にもスポットが当てられることになった。

司令部壕を知るために二つの重要な資料がある。一つは、大田昌秀知事の時代（１９９０年12月～98年12月）に沖縄県が発表した「第32軍司令部壕保存・公開基本計画」（97年10月沖縄県知事公室、以下「97年公開基本計画」）を作成するために、93・94年度に沖縄県が行った「旧第32軍司令部壕試掘調査業務報告書」（以下、「試掘調査報告書」）である。

もう一つは、１９４５年に米軍が作成した『Intelligent Monograph』（以下『米軍情報報告書』）である。この『米軍情報報告書』は、米国国立公文書館 Archives Ⅱに所蔵されており、アメリカ陸軍高級副官部文書「第二次世界大戦作戦報告書」の膨大な資料の一部である。水色の表紙には沖縄島と慶良間列島の漢字の文字と地図が描かれていて、「機密　琉球作戦Ｇ―２　第10軍」とある。写真と詳細なイラスト図、測量図と文書記録があり、首里司令部壕の実際を知る上で、重要な資料となっている。首里司令部壕についての記事は「第32軍司令部　首里城」（巻末資料参照）に記載されている。この章では沖縄県の試掘調査報告書と米軍情報報告書について紹介するが、司令部壕についての事実をいくつか確認しておきたい。

とはいっても私自身もよくわからないことが多い。この間少しずつ調べてきたこと、わかったことを紹介し、今後調査しなければならない点などについて共有できたらと思う。

2 司令部壕にまつわるコンクリート製の二つの構造物の誤解

沖縄戦から76年、県営首里城公園地下駐車場の出入り口の近くにあるアンパン型をしたコンクリート製の構造物（写真16）を、第32軍司令部壕の換気口だと思っている方がいる。上部は鉄板で蓋がしてあり、横には四角い銃眼《じゅうがん》（銃などを構えるために城壁などに開けられた小窓）があり、空気の流れも感じられるので、この下に司令部壕が通っていると言われると信じたくなる。しかし、これは第32軍第5砲兵司令部の換気口で、沖縄戦の最中には、司令部とも地下でつなげる計画はあったが、つながってはいない。沖縄県が調査を行い、結論を得ている。

もう一つは、園《その》比《ひ》屋《や》武《ん》御嶽《うたき》石門の裏（北側）にある、鉄格子がかかった存在感のある分厚いコンクリート製の4つの構造物である（写真17）。よく司令部壕の入り口に間違えられる。かなり沖縄戦についての詳しい方の中にも司令部壕の入り口だと断言される方もいる。試しにGoogleマップで「第32軍司令部壕」と検索するとこの建物の写真が表示される。

1994年1月10日付の沖縄タイムスは「32軍司令部壕は、首里城公園内の入り口がすべて埋没しているにもかかわらず、近くの付帯施設のコンクリート製建造物を壕の入り口と間違える人があとを絶たない」と報じており、以前から問題視されていた。衛兵のトーチカという説もあるが、銃眼がないことから、トーチカではない。

写真16　第32軍司令部壕通気口に間違えられる第5砲兵司令部壕通気口（仲村真氏提供）

写真17　第32軍司令部壕入口に間違えられる掩蔽壕（仲村真氏提供）

また、沖縄県が２０１２年に設置した第32軍司令部壕の説明板が、この構造物の手前に置かれていることもあって誤解を助長させている（説明板記述の文言削除問題は、未解決のままである）。

首里周辺の戦跡について長年調査・研究をしてきた仲村真氏（沖縄県平和祈念資料館友の会事務局長）は、「このコンクリート製構造物は掩蔽壕《えんぺいごう》で、銃撃や爆撃から人員や物資を守るために建設された施設である」と明言している。

写真18　園比屋武御嶽石門の裏（北側）で第１坑口の場所を説明する元鉄血勤皇隊師範隊・上江洲安英さん

龍潭《りゅうたん》に向かう道を隔てて東側の二つの同じ形の構造物のうちの一つは、第32軍合同無線通信所の壕であった。現在、地面の少し上にアンテナ線を出す穴が開いている。

また大型の給電用の二台の発電機が、城西小学校に近い掩蔽壕の前に置かれていたことも、元一中鉄血勤皇隊《てっけつきんのうたい》通信隊の証言からも明らかになっている。

元鉄血勤皇師範隊の上江洲安英さん（写真18）は、この掩蔽壕を「工兵隊と協力して45年1月頃に私たちが与那原《よなばる》から砂を運んで作った。第1坑口はコンクリート製の構造物とは別にあった。司令部壕の第1坑口は園比屋武御嶽の裏側付近にあり、切通のように下り坂で、階段を降りると第1坑道になっていた。私は歩哨《ほしょう》が任務だったので、御嶽手前に蛸壺《たこつぼ》を掘り警備していた。特編中隊に入ったのは、

4月10日頃だった。特編中隊第4小隊の壕から園比屋武御嶽の所の歩哨に立っていた。この壕の第1坑口が4月下旬ごろに爆撃を食らい塞《ふさ》がれてしまった。それで、ここ（第1坑口）は使用できないということで、歩哨は立たなくていいことになって、待機していた。5月28日（牛島註：27日か？）に軍司令官が撤退された翌日までここにいた」と話されていた（インタビュー2005年8月9日・牛島）。

これらのコンクリート製の掩蔽壕は第32軍の関連施設であったことは間違いない。首里城公園内には、司令部壕の説明板と、最近ついたその説明板への小さな案内以外には何もない。丁寧な首里城への案内看板と比べて、あまりにも不親切であると感じるのは私だけであろうか。掩蔽壕が司令部壕の入り口だと誤解が生まれるのは、地上の華やかな首里城に対して、地下の司令部壕の存在を見学者に知らせようとする姿勢がないからだろう。

首里城も司令部壕もともに重要な歴史的文化財である。首里城公園を訪れた多くの見学者、誰もが分かる案内が必要なことに異を唱える人はいないだろう。76年間も司令部壕が、物理的にも歴史的にも埋もれたままになっている。

やっと光が当たったこの機を逃してはならないと思う。

3 第32軍司令部壕を上空から見ると

首里城周辺のGoogleの航空写真に地下の坑道を重ねてみると、口絵A「第32軍首里司令部壕平面図と航空写真」のようになる。

坑道は園比屋武御嶽石門・城西小学校側から首里城の西側の城壁のほぼ真下を南北に延び、現県立芸大金城キャンパスの三箇川《さんかがわ》に降りる崖の途中まで続いていた。第1から第5までの坑口があった。坑口から延びる坑道は第1から第5坑道と名付けられていた。さらに地下壕には不可欠の換気口（立坑）が2本設置されていた。

首里城が建つ固い琉球石灰の分厚い地層の地下約15メートル〜40メートルの比較的柔らかい泥岩層を掘り進んで構築されていた。第1坑口から第5坑口までは直線距離で366・6メートルである。

坑道の全長は、諸説ある。沖縄県の園比屋武御嶽石門近くの説明板には、「規模：総延長約千数百メートル」と書かれている。

1997年保存・公開基本計画の策定にかかわった元沖縄国際大学教授・吉浜忍氏は、「南北方向に総延長約1キロ、最も深いところで地下30メートルに掘られました」（沖縄タイムス2020年5月31日13面、「弾雨　命も文化も破壊」）と書いている。97年公開基本計画では「規模：主坑道の長さ（第1坑口から第5坑口までの直線距離）約375メートル」、深さは報告書内の記述で約20〜40メートルとなっている。

第32軍高級参謀・八原博通氏は、『沖縄決戦』で、「総延長約1千メートル深さ15メートルないし35メートル」（84ページ）、「地下30メートル、総延長千数百メートルの大洞窟」（177ページ）と二種類の数字を挙げている。

現存する司令部壕の図面として、最も信頼できる97年公開基本計画の別紙位置図を基に、そこに描かれていない坑道を米軍の平面図から読み取り総延長を計算すると、①第1坑道から第5坑道までの本坑部分は837メートル、②それに付随する枝抗が合わせて113メートル、③炊事場の坑道、風呂場等第5坑道近くにあったものと、第3坑道につながっていたエンジニアトンネルの小計94・8メートルを合わせると、総延長は1044・8メートルになる。誤差を考えても1100メートル未満であり、千数百メートルはなく、総延長は1000メートル以上1100メートル未満であり、約1050メートルが妥当だと思う。

4 あと6メートルに迫っていた―開示された93・94年度沖縄県試掘報告書

①司令部中央の第1坑道まであと6メートルに迫る

沖縄県は戦後50年平和事業の一環として、1993年から司令部壕の保存・公開に向けて本格的な試掘調査に着手した。調査は、コンサルタント会社の日本工営福岡支店（当時）に業務を委託して行われた。調査結果の一部は、沖縄県知事公室平和推進課業務概要と97年公開基本計画等で公表されていたが、詳細については、これまで公開されて来なかった。

沖縄県に開示請求していた93・94年度試掘報告書が、2020年末に届いた。特に「旧第32軍司令部壕試掘調査業務（Ⅱ期）報告書」（日本工営福岡支店）（以下「Ⅱ期報告書」と略）には、何とこれまで不明だと思われていた司令部壕中枢部分の様子が報告されていた。26年前の95年3月の時点で、司令部壕の第1坑道まであと6メートルに迫っていたことが分かった。

Ⅱ期報告書には「鉄筋や支保材が出土しており、付近が司令部中央部であることには間違いない」と記述され、「司令部中央枝坑との接合部。正面上部に鉄筋が出土」と解説付きの写真が添えられていた（口絵D、口絵E　司令部中枢拡大図）。

沖縄県は1993年度中の94年1月から、まず地上に坑口が開いていた現県立芸大金城キャンパスにあった第5坑口・第5坑道から開始し、150メートルを調査した（写真19）。

試掘調査進む
32軍司令部壕

1日に掘り進む距離は1.5㍍。慎重な作業が続く＝那覇市首里金城町

一九四五年（昭和二十年）四月一日、米軍が沖縄本島に上陸、激しい地上戦が六月まで繰り広げられた。日本軍の作戦指揮が執られたのが首里城地下に構築された第三二軍司令部壕。あれから四十九年。三二軍壕を「戦争遺跡」として後世に残すための試掘調査が、今年二月から進められている。これまで壕内から小銃、弾丸、軍靴などの遺物が見つかった。戦後三度目となる調査は四月下旬までの予定で、地質調査などを経て復元の可能性が検討される。

50年前と同じ手掘り作業

今月下旬まで調査

小銃、弾丸、軍靴を発見

1日1.5メートル

沖縄守備軍・第三二軍が創設されたのは四四年三月二十二日。同年十二月から司令部壕構築が始まった。壕掘り作業には当時の沖縄県師範学校の生徒らが動員され、翌年五月まで戦闘中も作業が続いた。

米軍の猛攻で三二軍が首里の司令部壕を放棄し南部へ撤退したのが五月下旬。五月二十九日に米軍は首里城一帯を占領。同時に司令部壕を調査した。

戦後、司令部壕は二度復元が試みられた。六五年から六六年にかけ那覇市が、六八年に沖縄県観光開発事業団（後の沖縄県観光開発公社）が調査したが、落盤で断念した経緯がある。

九三年度の県予算に調査費二千万円が組まれ、昨年、県平和推進課を中心に資料を収集。今年二月から実際に試掘作業を始めた。現在、坑道入り口から約七十㍍入った落盤部分の土砂を除去し掘り進めている。

作業は午前七時から午後九時までの二交代。ほとんど手掘りの作業。落盤防止のため鉄筋を組みながら慎重に行うため、一日に一㍍五十ほどしか進まない。坑道の奥から常時、水がわき出し、作業の支障となっている。

これまで坑道内からは銃、弾丸、手榴弾など武器類、陶器の破片などが見つかっており、戦時中の壕内の生活をうかがわせる。今のところ遺骨は見つかっていない。

作業は四月下旬まで行われる予定。約百㍍試掘し、地質調査を実施する。

写真19　試掘調査の様子を伝える琉球新報1994年4月2日朝刊（琉球新報社提供）

95年1月には、守礼門北側近くの城西小学校敷地内に地下4・9メートルの立坑を掘り、水平に17メートル東側に進んだところで、第3坑道を発見した。続いて接続していた第2坑道も発見した。崩壊部分の土砂を取り除きながら、約30メートル南へ進むと東向きに直角に曲がり、司令部中枢部分の第1坑道を目指した。測点NO7から第1坑道まで約15メートルは、激しい落盤があり進路を阻んでいた（図5）。

日本軍が南部撤退時に大規模に爆破したため、坑道全体が埋まり、土砂を取り除くのに危険が伴うと判断したようだ。この先の部分は1945年当時、米軍も進入することができず、沖縄戦から76年間、誰も立ち入っていない部分である。

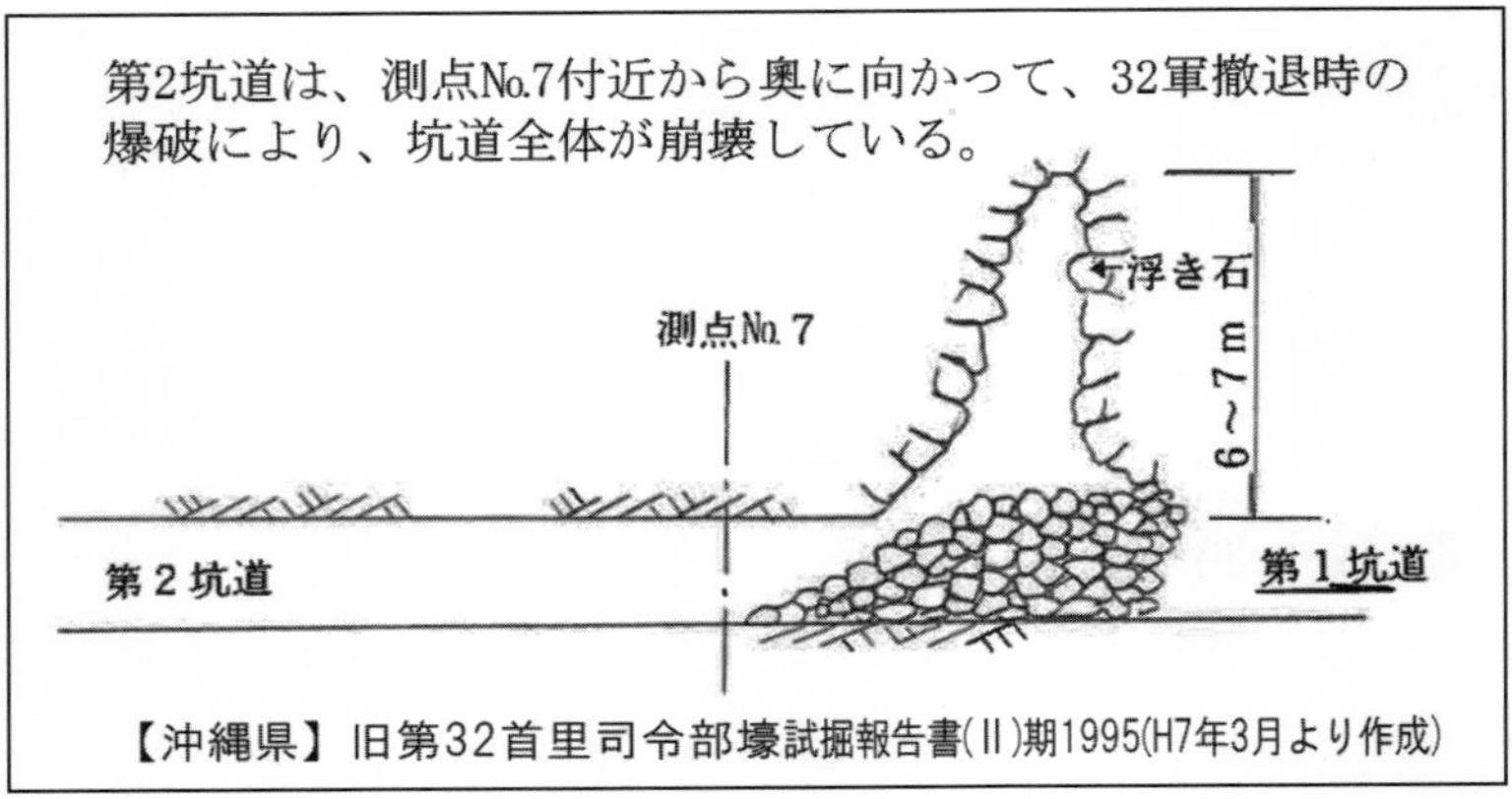
第2坑道は、測点№7付近から奥に向かって、32軍撤退時の爆破により、坑道全体が崩壊している。
浮き石
測点№7
6～7m
第2坑道
第1坑道
【沖縄県】旧第32首里司令部壕試掘報告書(Ⅱ)期1995(H7年3月より作成)

図5　第２坑道奥部の崩壊見取り図（Ⅱ期報告書より）

口絵Ｅのように第１坑道には、第２坑道との交差点手前から南に向かって並行に掘られた枝坑がある。そこで、測点ＮＯ７から新たに右斜めに迂回路を掘り、約17メートル掘り進んだところで、第1坑道に並行した枝坑に到達していた。この地点で、枝坑（測点ＮＯ８から４メートル）から、第１坑道まではなんと６メートルの距離だった。

委託業者はさらに３つの案（口絵Ｅ）を示して第１坑道をめざしていたが、いずれの案も実施されることなく調査を終えた。

②第２坑道奥の区域は76年前のまま

私が１９９７年８月に、県の立会いで入坑した際には、見ることができなかった第２坑道の奥の部分の様子を、Ⅱ期報告書は明らかにしていた。落盤により通過が不可能になっている測点ＮＯ３の先ＮＯ４からＮＯ７までは、比較的坑道は安定し、試掘調査前の写真も初めて公開されている。

左右には沖縄戦当時の木製の坑木（支保工）が途中で折れ、一定間隔で立っていた。天井も壁には掘削時のノミ跡が残っていて、四角く掘られたままの状態になっている（写真20、図６）。

写真20　第２坑道の測点 NO ５～ NO ６付近。坑道は当時のまま残り、両側には木製の折れた支保工が整然と並んでいた（95 年３月、Ⅱ期報告書より）

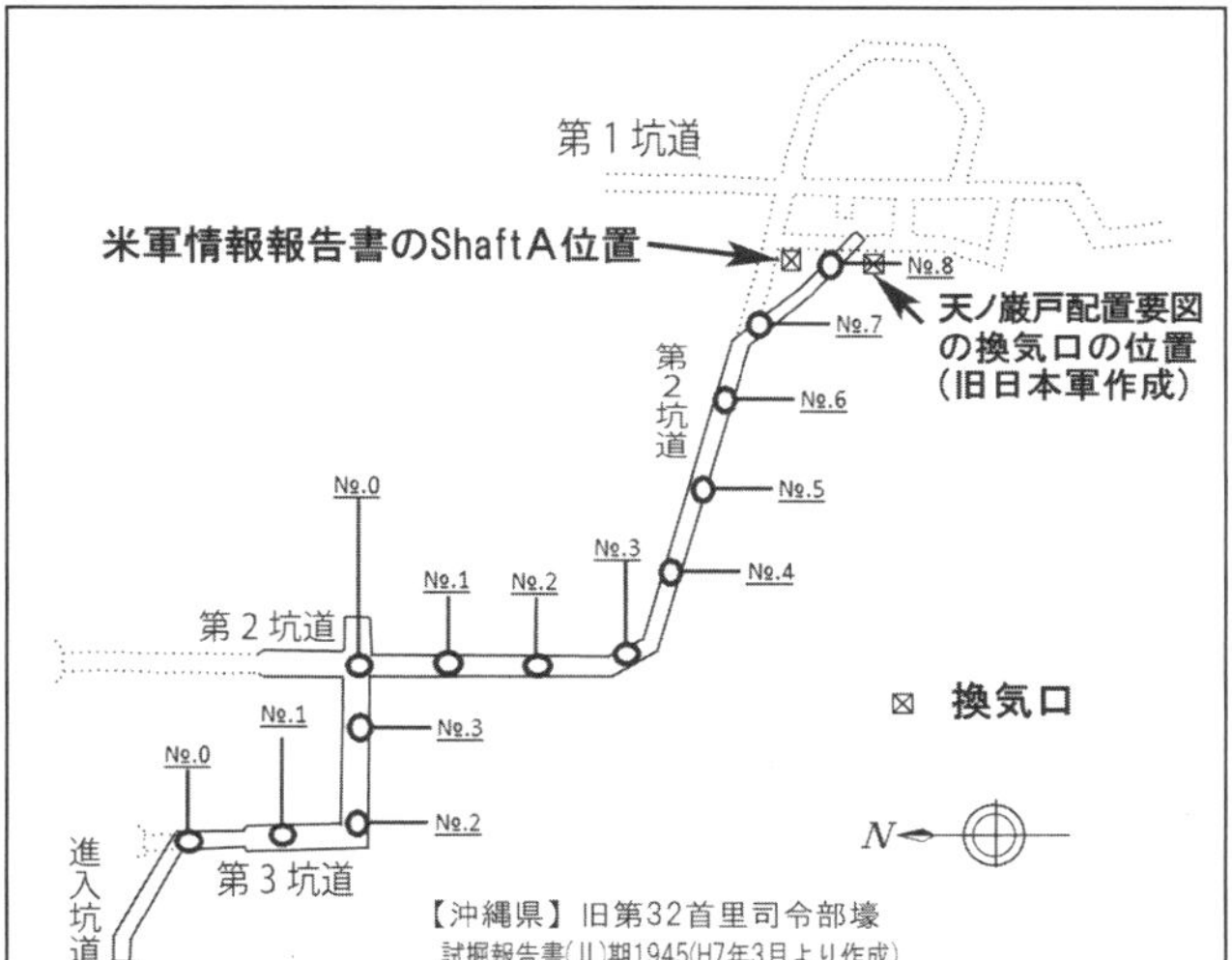

図６　司令部坑道と換気口ー坑道測点図（Ⅱ期報告書より作成）

③第４坑口

第４坑口は金城町の私有地にあり、民家が建っていて坑口の様子を観ることはできない。現地に行ってみると、民家の後ろに15メートル以上の標高差のある大きな崖が見える。93・94年度の試掘調査は、第４坑口については行われていない。

ただ、旧日本軍資料「天ノ巌戸戦闘司令所配置要図５月２日」によれば、第１坑道との分岐点から西南方向に44・２メートル伸び、下り階段があった。45年５月には、坑道の途中で南側に県庁首脳壕も第４坑道の枝坑として掘られている。坑口の左右に将官用と兵士用の便所があった（『沖縄県史資料編23　沖縄戦日本軍史料　沖縄戦６』２０１２年56ページ）。

第32軍高級参謀・八原博通氏は、「我々にささやかな自由を与えてくれた場所は第４坑道の出口であった。ここは巨岩が懸崖《けんがい》状に出口を掩《おお》い、空中に対してはもちろん、東、北、西の三方向に対しても、遮蔽掩《しゃへいえん》護《ご》が利いた。僅《わず》か三坪大の地域であるが安全な上に、正午過ぎからは日光浴もできる。牛島将軍も始め誰も彼も、暇を見てはここに落ち合った。万雷の如き爆声もすっかり馴れっこになって、のんびり世間話をする一時は実に心楽しいものであった」（『沖縄決戦』１８２ページ）と述べている。

④第５坑口・第５坑道

現在、唯一坑道に直接つながる坑口があるのは第５坑口である。県立芸大金城キャンパスから三箇川に降りていく崖の途中にある。

周りは木立や草に覆われて、たどり着くまでに大きな蚊にたくさん刺されるようなところである。急な斜面を降りて行くと、一段低いところに土嚢《どのう》と鉄骨で組まれた坑口があり、施錠されていて内部に立ち入ることはできない（写真21）。しかし、これも沖縄戦当時の物でなく、93年の沖縄県の試掘調査の際に作られたものである（写真22、23）。

1992年、琉球新報の小那覇安剛記者（現編集委員）が、同僚記者と2人で第5坑口を探していると横長の穴を見つけ、入るとすとんと滑り落ちた。戦後埋もれていた司令部壕の第5坑道を探し当てたのだ。

写真21　現在の第5坑口（2021年4月30日）

写真22　第5坑口試掘調査前（沖縄県女性力・平和推進課提供）

写真23　第5坑口試掘調査後（沖縄県女性力・平和推進課提供）

壕の状況（第5坑道）

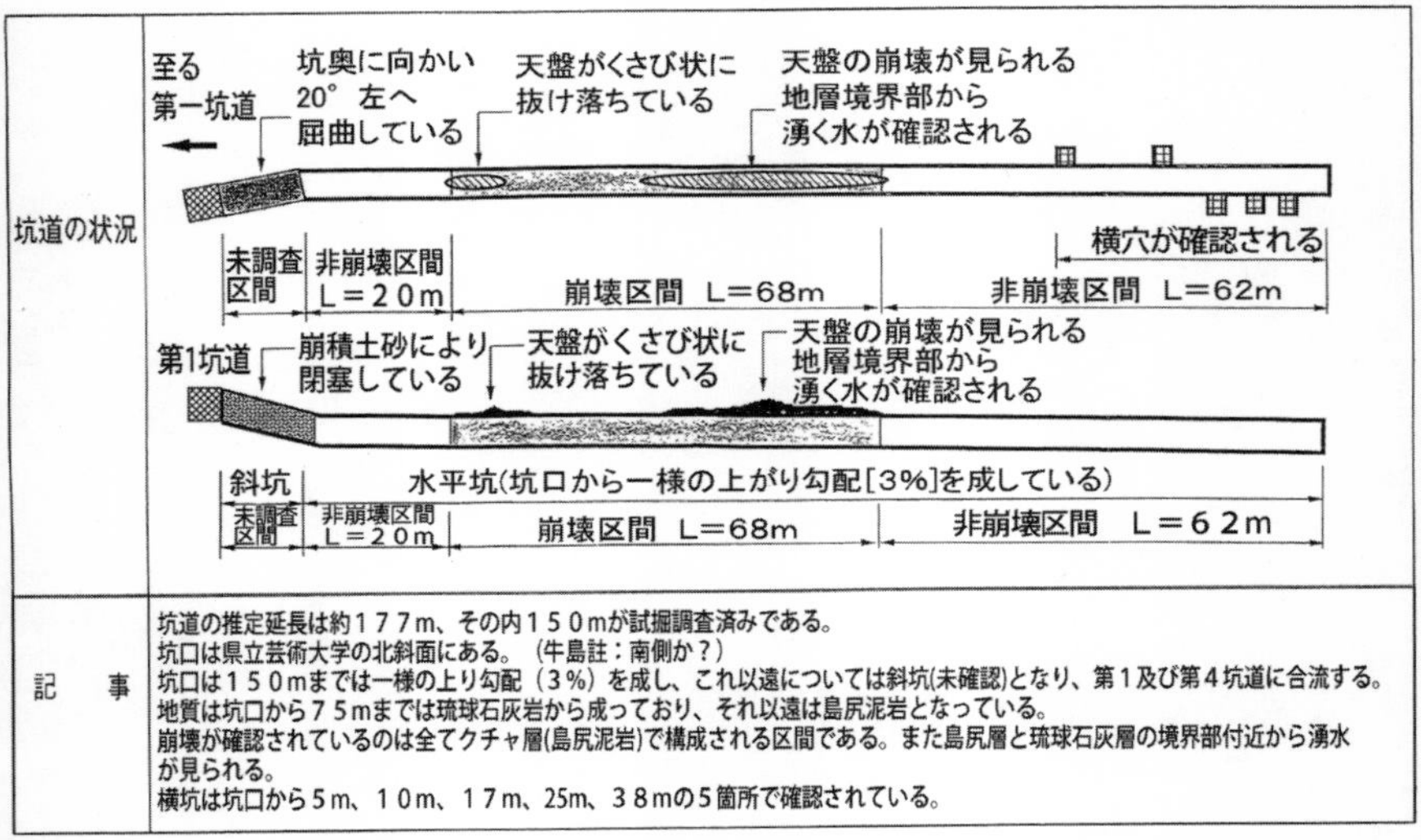

図7　沖縄県平和推進課業務概要 1996(H8)年度版図2－4より。文字を大きくするなどの加工をした

琉球新報は92年6月17日から、「32軍司令部・首里城地下の沖縄戦」と題する46回の長期連載を開始する。またその時々の記事として、「32軍壕・地下からのメッセージ」が随時掲載された。

沖縄戦フィルム1フィートの会（仲宗根政善会長）は、これまでも司令部壕復元を課題として運動を展開していた。地上の首里城の復元作業が進められる中、地下に埋もれる司令部壕の発掘・調査を積極的に呼びかけ始めた動きと、この新聞記事は連動していた。

琉球新報「首里城地下の沖縄戦5」（6月21日）は、当時の状況を知る渡久山朝章さんの証言を伝えている。（新聞記事内の年齢は、発行当時の年齢である。以下同様。）

《「ほぼ間違いではないです。このあたりです」、沖縄師範の鉄血勤皇隊として野戦築城隊に配属された渡久山朝章さん（63歳）は今年5月、壕堀に当たった金城町側の坑道口付近を探

写真24　第5坑道内部と出土した遺品（1997年8月）

し当てた。47年ぶりに訪れた場所は県立芸大（元琉大女子寮）の南東斜面。ガジュマルの根が岩石を抱き、雑木がうっそうと茂っている。コンクリート三面張の金城川（牛島註：三箇川）が流れており、近くに沖縄師範学校の自習田（牛島註：実習田）があったというが、宅地造成で、すっかり様変わりしていた。47年前と同じように降りしきる雨の中、身じろぎもせず立ち尽くす渡久山さん。当時の記憶がだんだんよみがえってきた。「兵隊がつるはしで掘り進むと、私たち学生がシャベルで土をすくってトロッコに積み込み、洞くつの外に捨てたんです。坑道内は天井などから流れ落ちた水で足首がつかるほどだった。足はふやけるし、ずぶぬれになるし、おまけに坑道内は蒸し暑く、兵隊もふんどし姿で作業していた」》

第5坑道は、北（木曳門側）に向かって約150メートル直線で伸びている。戦後、人が入ったりして当時とはずいぶん変わっているようである。私が97年に入坑した時は、きれいに片付けられ、整理されていた。

坑道の断面は、横幅、高さとも約2メートルで内部は、鉄骨やパネルで補強されていた。わずかな勾配（3％）があり、当時と同じように絶え間なく、北側の第1坑道側から湧水が床面を流れていた。坑内の湿度は100％で、前述の渡久山朝章さんの蒸し暑かったとの証言通りであった。琉球石灰岩は多くの気孔を含んでおり、大量の地下水を浸透させる性質がある。水を通しにくい島尻層泥岩との境界付近には多くの湧水が見られる（図7）。第5坑道が、坑口から70～80メートル地点で琉球石灰岩の層と島尻泥岩層の境目を掘り抜いたために、天井からの湧水に悩まされることになる。

94年4月の試掘報告書によれば、まず坑道の左（西）側に坑口から5メートル、10メートル、17メートルに凹型のように掘られ、97年には、そこに遺品が整理されて置かれていた（写真24）。「女性たちの部屋」と言われている部分は、枝坑が掘られているところよりもう少し奥であったようだ。

右（東）側には坑口から25メートル、38メートルに枝坑がある。特に25メートル地点の枝坑は、深く奥に続いているが、先は落盤していて手が付けられていない。

FIGURE 31
Part of kitchen where documents were recovered.
写真25　kitchen 炊事場（米軍情報報告書フィギュア31　米国公文書館所蔵）

　しかし、後述する米軍情報報告書には詳細に調査した結果が記述されている。第5坑口から25メートル地点にL型の坑道が東側に分かれ、奥にkitchen（炊事場）（写真25）があり、炊事場の坑道の突き当りは閉じていて、外部には出られない。突き当りにはchimney（煙突）の表記がある。フィギュア32（図8）には、煙突の詳細な構造まで描かれて

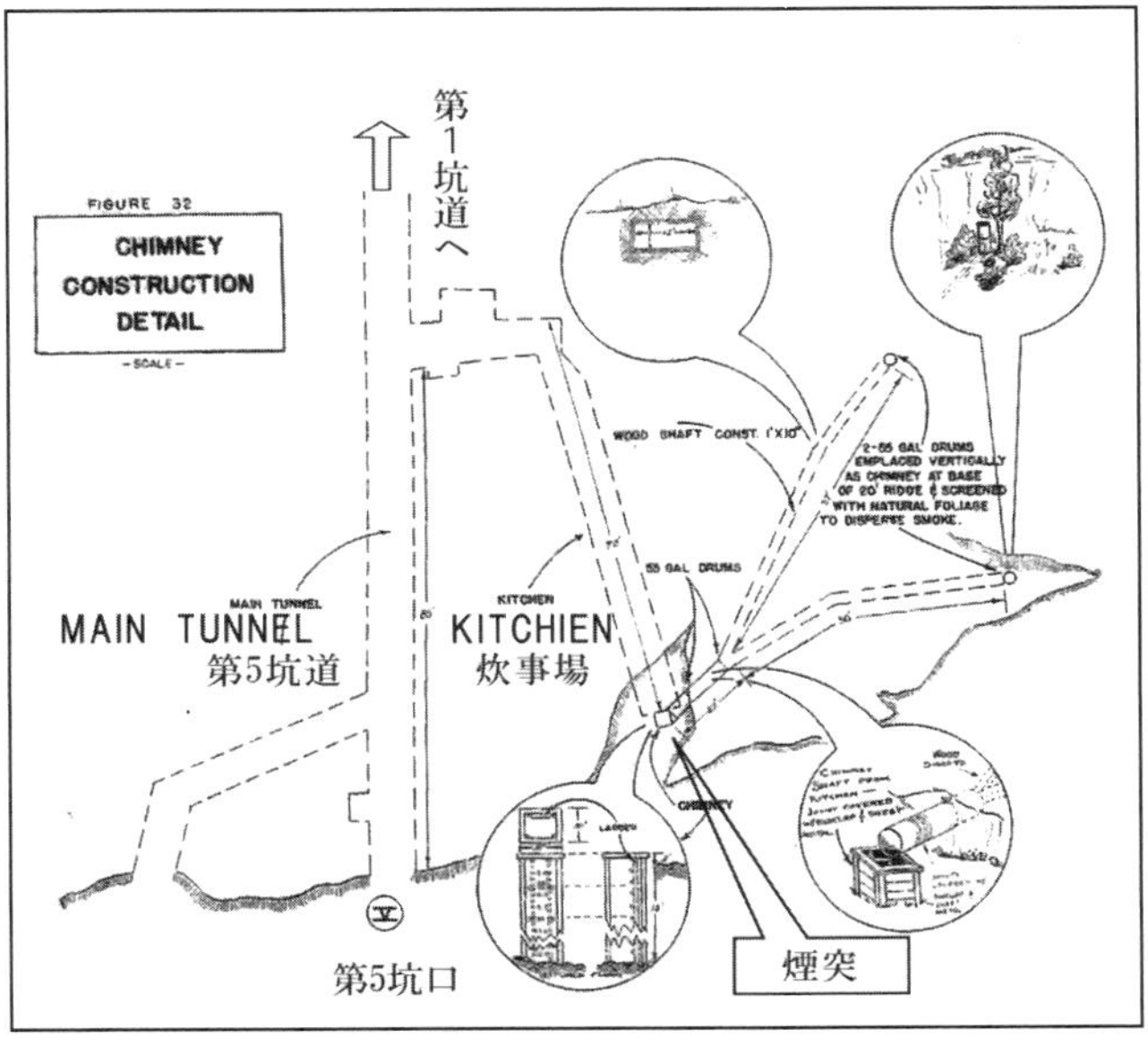

図8　炊事場の見取り図。煙が出ないような仕組みの煙突がついていた。日本軍は撤退時に機密書類をここで燃やした（米軍情報報告書フィギュア32　米国公文書館所蔵）

いて、煮炊きをしても煙が外には出ない仕組みになっていたようだ。

米軍が注目したのは、炊事場だけでなく、この場所で、日本軍が機密書類を焼却したことであった。詳細は後述する。94年試掘調査では崩落の危険があり、奥の調査は行っていない。

坑道内の遺品について、報告書は以下のように記録している。

《試掘前の調査では60メートル付近までに軍靴、空ビンは数個確認されていたが、戦後にその多くは付近住民により持ち出されており、坑内には目視できる物は全くみられない状態であった。94年の発掘調査の際に60メートル付近までは、20センチ程度床面下に埋もれていた軍靴、空ビン、茶器、銃弾を掘り出し、現在一部は平和祈念資料館に展示・保管してある。

41メートル付近より手りゅう弾が発見された。ほぼ埋まった状況の60メートル付近から次第に出土品が多く出始め、61メートル付近より坑内において最初の小銃が発見され、弁当箱、機器部品、銃弾、軍靴、茶器等順次発見された。スコップ、ツルハシ各一丁及び三本鍬二丁は、70メートル～73メートル付近から出土した。72メートル付近では通信用ケーブルと電気スタンドが出現した（写真26）。83メートル付近からは当時の支保丸太、レール、小銃七丁（まとまって出土）、製図道具等が床面より出土した（写真27）。

写真26　通信用ケーブルと電気スタンドが出土（1994年度4月試掘報告書より）

写真27　小銃7丁、製図用具、刀、軍靴が出土（1994年度4月試掘報告書より）

84メートル右側側面からは、当時の矢板と共に、矢板に立てかけられた状態で小銃が出土した。これは証言者の話の中に、銃を立てかけたまま壕を出たという話があることから、戦後すぐにこの付近に崩落があって手を付けられず、崩落が長期にわたり生じていたと考えられる。

さらに奥には、計墨秤、電気スタンド、水筒、ヘルメット、飯ごう、通信機の一部、空ビン等多種の出土品があった。出土品は、坑口近くよりも坑道奥の方が多くなり、また品目も坑口側で茶器、瓶等の生活物資が多いのに対し、坑奥側では無線機、銃弾、防毒マスク等の軍装備が多くなる傾向が見られた。》

旧日本軍資料「天ノ巌戸戦闘司令所配置要図5月1日」（45年5月1日）（図9）によれば、炊事場と将官幕僚入浴場が置かれていた。

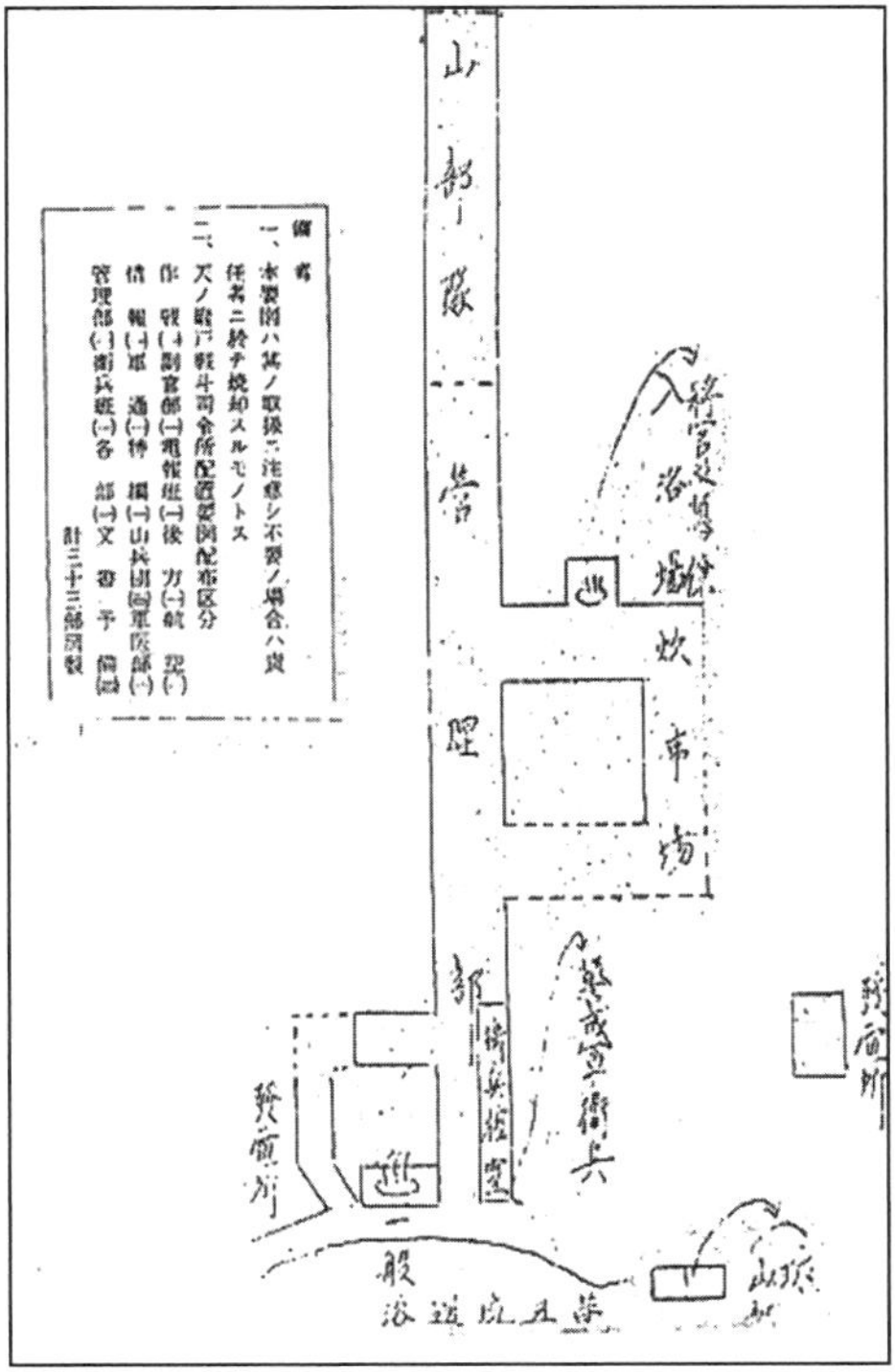

図9　天ノ巌戸戦闘司令所配置要図［部分］（1945年5月）

この天ノ巌戸図では次の38メートルの枝坑とつながっているように書かれている。埋もれているこれらの枝坑の調査も必要だと思う。

また米軍情報報告書では第5坑口の東側には、水冷式の発電機があり、冷却水を運んだ鉄血勤皇隊師範隊の古堅実吉さんの証言もある。両脇に

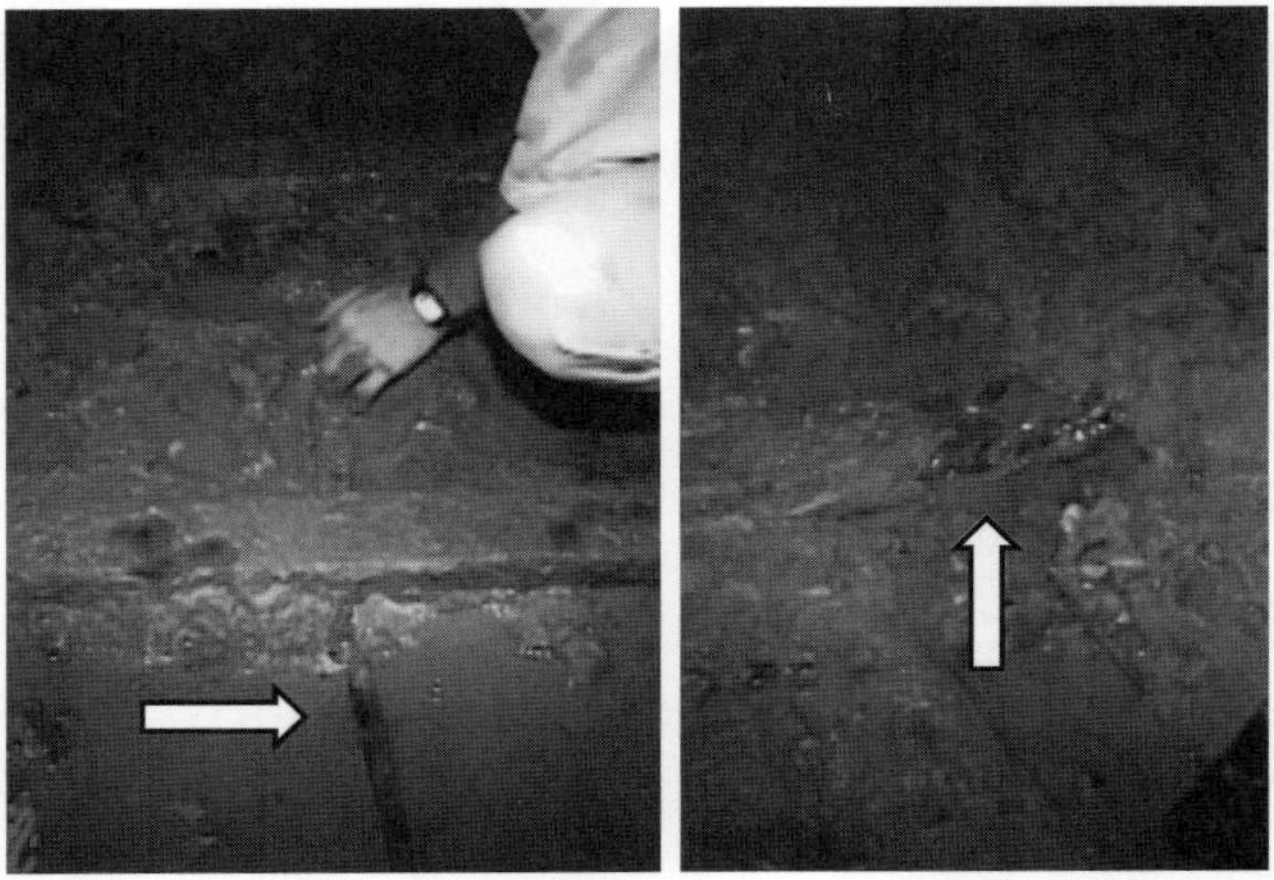

写真28　トロッコのレール（左）と枕木（右）は水没していて残っていた（1997年8月）

は latrine（便所）もあった。第5坑道のさらに奥に進んで行くと、掘った土砂の搬出に使ったトロッコの線路と枕木が、坑口から約１００メートル先に水につかりながら現存していた（写真28）。

94年当時の状態を、Ⅱ期試掘調査報告書は以下のように記述している。

《本壕については、平成5年度の第5坑道からの試掘に始まり、これまでに第5坑道の水平坑道（L－１５０メートル）の試掘が完了し、その他城西小学校内の調査立坑の設置がなされました。第5坑道の試掘は１５０メートル進んだところで斜坑部に到達しましたが、斜坑部が土砂で埋積されているため一時中断することとし、別の方法で司令部中央部へ進入する方針で望むことになりました。しかし、第5坑道の坑奥側約30メートルは壕構築当時に近い状態で残っており、司令部中央部の保存状況に核心を持てる資料を得ることができました。》

つまり、坑口から１５０メートル地点で水平部は終わり、それより奥は上に向かって傾き20度の斜坑となっていて、約７メートルは見通せ、天井、両側壁ともに島尻泥岩からなり安定度は高い。しかし崩積

写真 29　崩落防止のためのコンクリート補強とコルゲート管。沖縄県 HP. 第 32 軍司令部壕保存公開検討委員会第 1 回会合資料より。図 10 も同様。

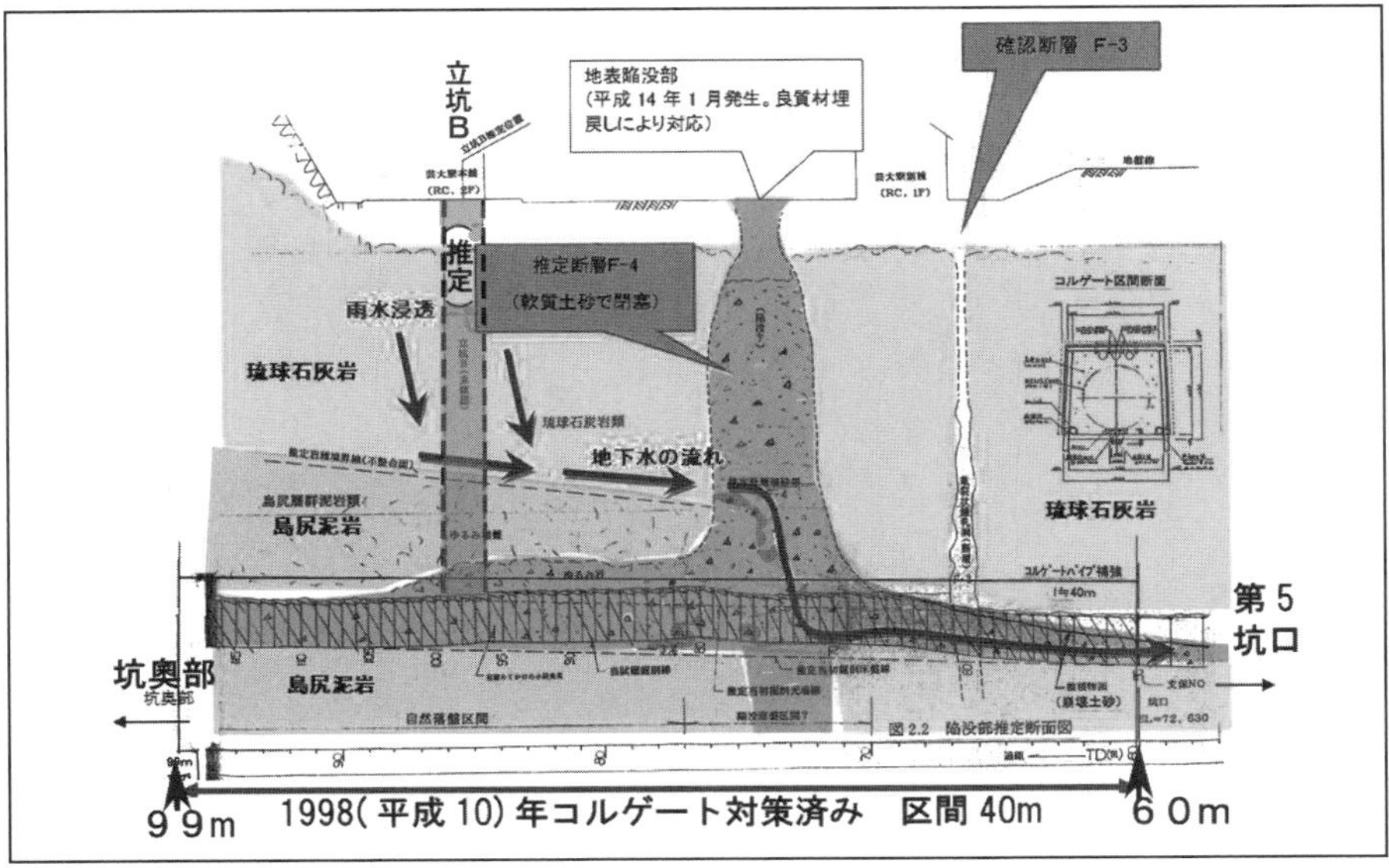

図 10　陥没個所と立坑 ShaftB

土があり、これを下方から掘削するのは困難であるということであった。

その後、１９９８年にさらなる崩落を防ぐために坑道の中間部坑口から60メートル～99メートルの区間で、39メートルにわたってコンクリート補強が行われている（写真29、図10）。

⑤本気度が読み取れる試掘調査報告書

開示された報告書は、94年４月（沖縄県と那覇市の共同委託）、95年１月（沖縄県の委託）、95年３月（沖縄県の委託）の三冊あり、ともに県に提出された。それぞれＡ４版で74ページ、94ページ、82ページもあった。

試掘調査は、崩壊している土砂を取り除き遺品などを回収し、さらなる崩落防止のための鉄の鋼材や矢板（鉄製、木製）をはめ込む工事も進めていた。その工事前後の写真、坑道内部の写真、地質・地盤調査（地山評価）や遺品の出土場所と一覧、支保補強工事の詳細など、坑道内の様子を知る上で貴重な資料が掲載されていた。

「旧第32軍司令部壕試掘調査業務（Ⅱ期）報告書」の業務目的には、次のように書かれていた。

《第二次大戦末期に構築された本壕は、日本軍により放棄されてから50年を経過しているが、これまでに十分な調査はなされていない。本業務は史跡保存の観点から本格的な調査を試みるものであり、司令部中央部への到達を第一の目的とし、併せて坑道の地質や保全状況を明らかにし、今後の坑道（史跡）保存対策の検討資料に供することを目的とする。》

文字通り司令部中枢到達を目標に試掘調査を行っていた。時間切れ、予算切れであと6メートルのところで調査は終了した。

今から見れば、保存の方法や展示を意識しての遺品や支保工の入れ方など別の案もあったであろうが、沖縄戦後50年近くたった当時、地下に眠る司令部壕、特にその中枢機能があった坑道中央部まで何とか到達させようと、試行錯誤しながら調査が進められていたことが伝わってきた。

第32軍による坑道・坑口の爆破と書類破棄により、ほとんど正確な資料が残っていない中、第32軍司令部の全容解明に向けた、当時の沖縄県担当者と委託業者の技師たちの熱意が読み取れた。

このような詳細な報告書が存在していたことに驚かされた。26年前の本気度が感じられた。

この調査報告書は、1995年4月に設置された「沖縄県第32軍司令部保存公開検討委員会」（会長・瀬名波榮喜元名桜大学学長）で審議され、97年に「第32軍司令部壕保存・公開基本計画」として発表された（図11）。

図11　97年公開基本計画に基づく公開プランのイラスト図

98年に県政が稲嶺県政に代わり、報告書も公開されず、埋もれたままになっていた。調査が中断したことも、調査結果が公表されなかったことも残念でならない。

5 米軍情報報告書『Intelligence Monograph』を読む

①1945年米第10軍調査と1993年・1994年沖縄県試掘調査の比較

これまで、93年度から97年までの沖縄県の保存・公開へ向けた調査状況を中心に見てきた。第32軍司令部壕の内部について、最も綿密に調査し多くの情報をもっている米軍と沖縄県のものを比較する。

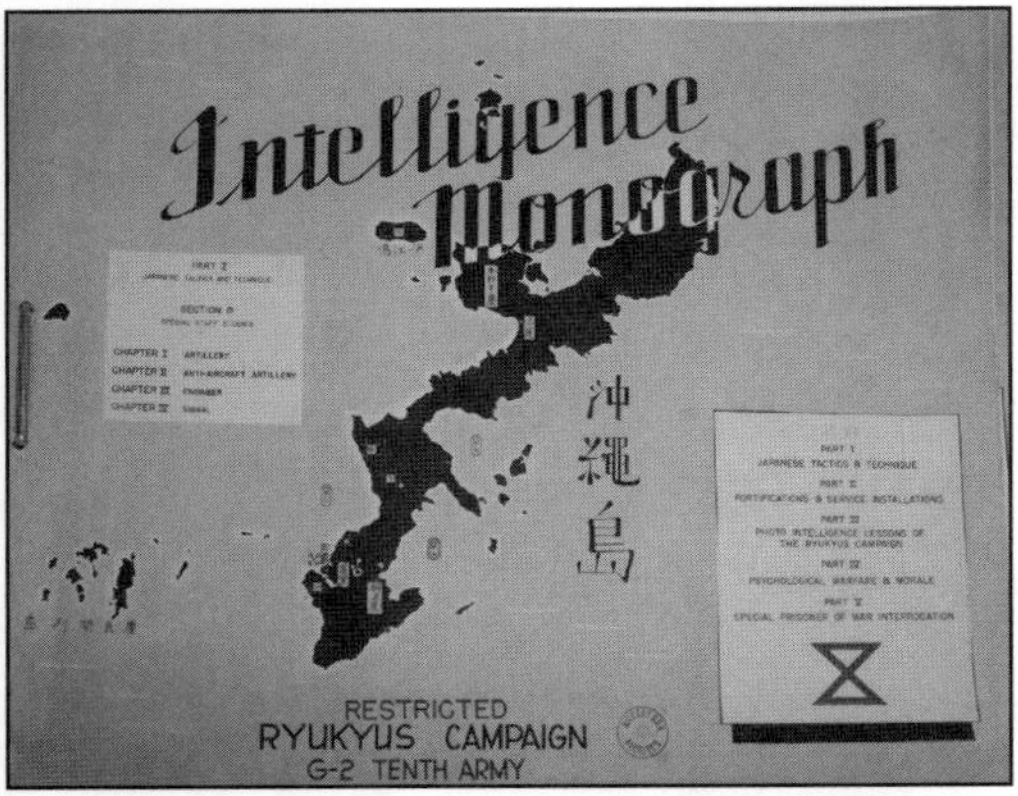

写真 30 米軍情報報告書の表紙（米国公文書館所蔵）

まず、坑道の長さやメイントンネルである第1坑道を沖縄県が調査出来ていない点に、大きな差があることが分かる。米軍は、来たるべき日本「本土上陸作戦」に備え、当時の最新技術を導入し念入りに調査研究を進めた。日本軍がどのような陣地構築をするのかを解明し、攻略するためである。測量し、写真に記録し、詳細なスケッチと客観的な文章を記した米軍情報報告書『Intelligence Monograph』と題するレポートを作成した。

内容は、5部構成で沖縄戦に関する日本軍の戦力や軍の配置、陣地の作り方等が、タブロイド判に近い大きさで、約400ページにおよぶ膨大な資料であった（写真30）。その中の「第32軍司令部 首里城」全文と図7平面図、図8断面図を巻末資料として掲載する。

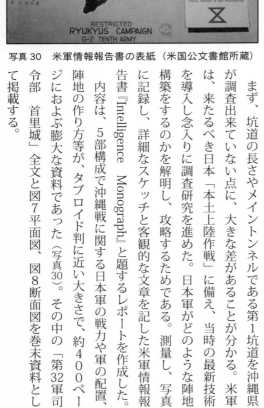

図 12　米軍情報報告書と 93・94 年度沖縄県試掘調査業務報告書を参考にして作成

項　目	45 年米第 10 軍情報報告書 『Intelligence　Monograph』	97 年沖縄県（調査は 94 － 95 年） 93・94 年度試掘調査業務報告書
1 調査範囲・全坑道	約 84.3%　約 885m/1050m	約 28.6%　約 300m/1050m
2 調査範囲・坑口	第 3　第 5　炊事場	第 5
3 調査範囲・坑道	第 1（7 割）中枢部分は調査済 第 2（7 割）　第 3　第 5　エンジニアトンネル	第 2（7 割、調査済区間のうち 6 割落盤）　第 3　第 5（8.5 割） エンジニアトンネル（5 割）
4 未調査範囲・坑口と坑道	第 1 坑口、第 1 と第 2 坑道接合部、第 2 坑口、第 4 坑口、第 4 坑道、第 1 坑道と第 5 坑道の接合部分（斜坑）	第 1 坑口、第 1 坑道（全部）第 1 と第 2 坑道接合部、第 2 坑口、第 4 坑口、第 4 坑道、第 1 坑道と第 5 坑道の接合部分（斜坑）炊事場坑道、エンジニアトンネル（5 割）
5 換気口	ShaftA　ShaftB（詳細調査はできていない）	
6 測量	平面図（ほぼ正確な測量）※第 5 坑道の北側＝第 4 坑道につながる部分は、不正確。 ShaftA と ShaftB について実測 標高の記述はない。 坑道の幅、高さは各地点で計測	平面図、断面図・標高とも正確な測量（ただし入坑できていない部分は不明） ※「97 公開計画」には記載されていないが、94 － 95 年（93•94 年度）に行われた第 2、第 3、第 5 坑道の状態についての記録が業務委託した日本工営の試掘業務報告書（3 冊）にある。
7 写真・図面	『Intelligence　Monograph』としてまとめられ、米国国立公文書館 Archives II RG407 陸軍高級副官部文書「第二次世界大戦作戦報告書　第 10 軍」厖大な写真と詳細なイラスト図、測量図と文書記録あり。 さらに米軍公文書館には、未発表の写真などが所蔵されている可能性あり。また、米軍人や軍属が個人として、所蔵している可能性がある。	試掘調査を日本工営（福岡支店）が担当。実測に基づく平面図・断面図はあるが、坑道内部の写真は、これまで公開されていなかった（2019 年度まで）。第 2 坑道東側部分の写真資料が掲載されている日本工営試掘報告書を県が公開した。1994 年に撮影された坑道内部の工事写真は、2021 年 10 月に女性力・平和推進課が公開した。
8 その他	爆破箇所等の記載あり	

② ShaftA の写真ー米軍が初めて入った司令部壕・換気口

「第32軍司令部　首里城」に掲載されている注目すべき一枚の写真がある（写真31）。

大きな岩の前に米軍兵士らしき三人がゆったり座って映っていて、その下には、ぽっかり大きな口が開

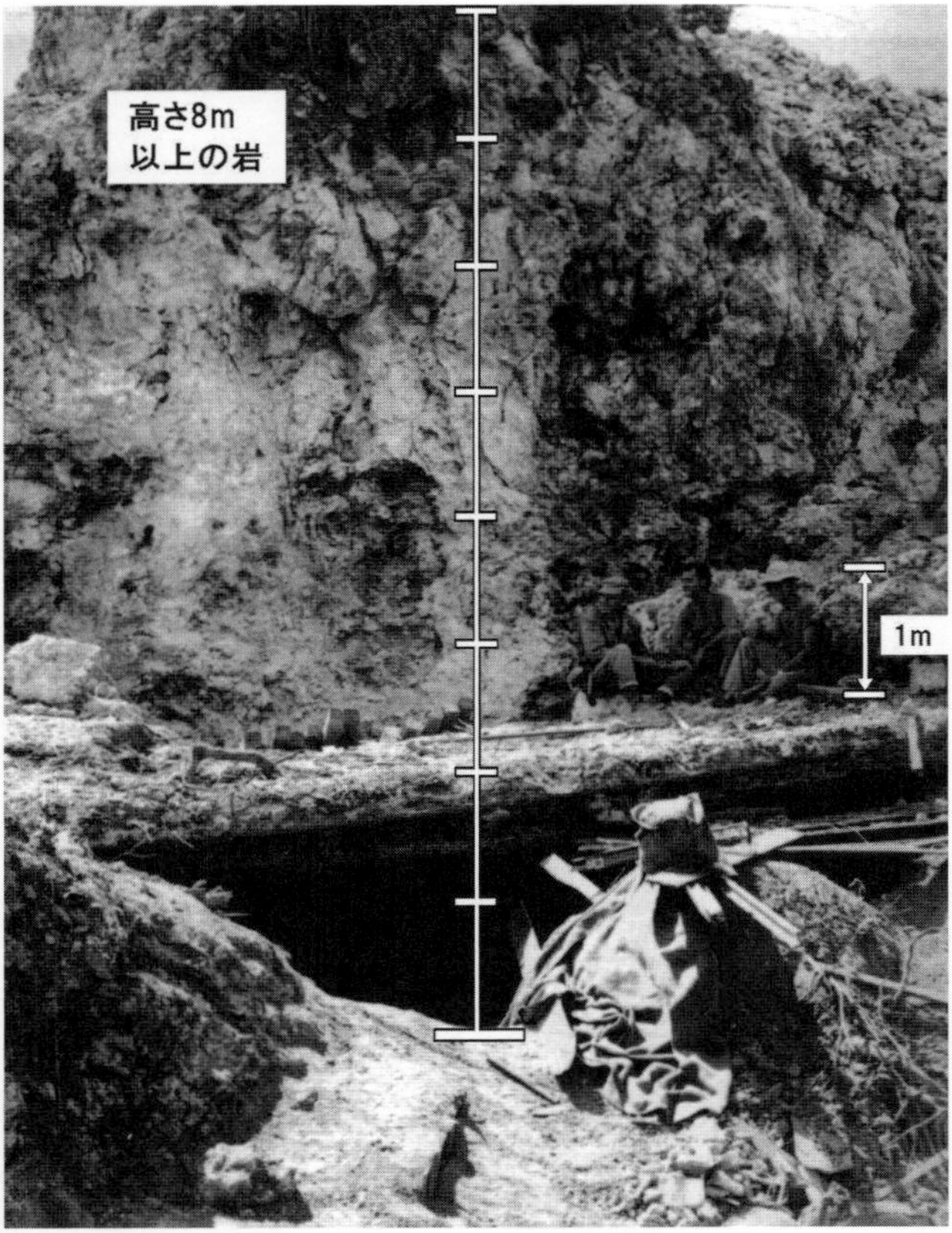

写真31　ShaftA（立坑・換気口）。米軍は首里占領後この換気口から司令部壕に進入した。写真右中程に３人の米兵が座っている。背後の岩の高さは８メートル以上あると思われる（米軍情報報告書［フィギュア９　Shaft Aの入口］米国公文書館所蔵より作成）

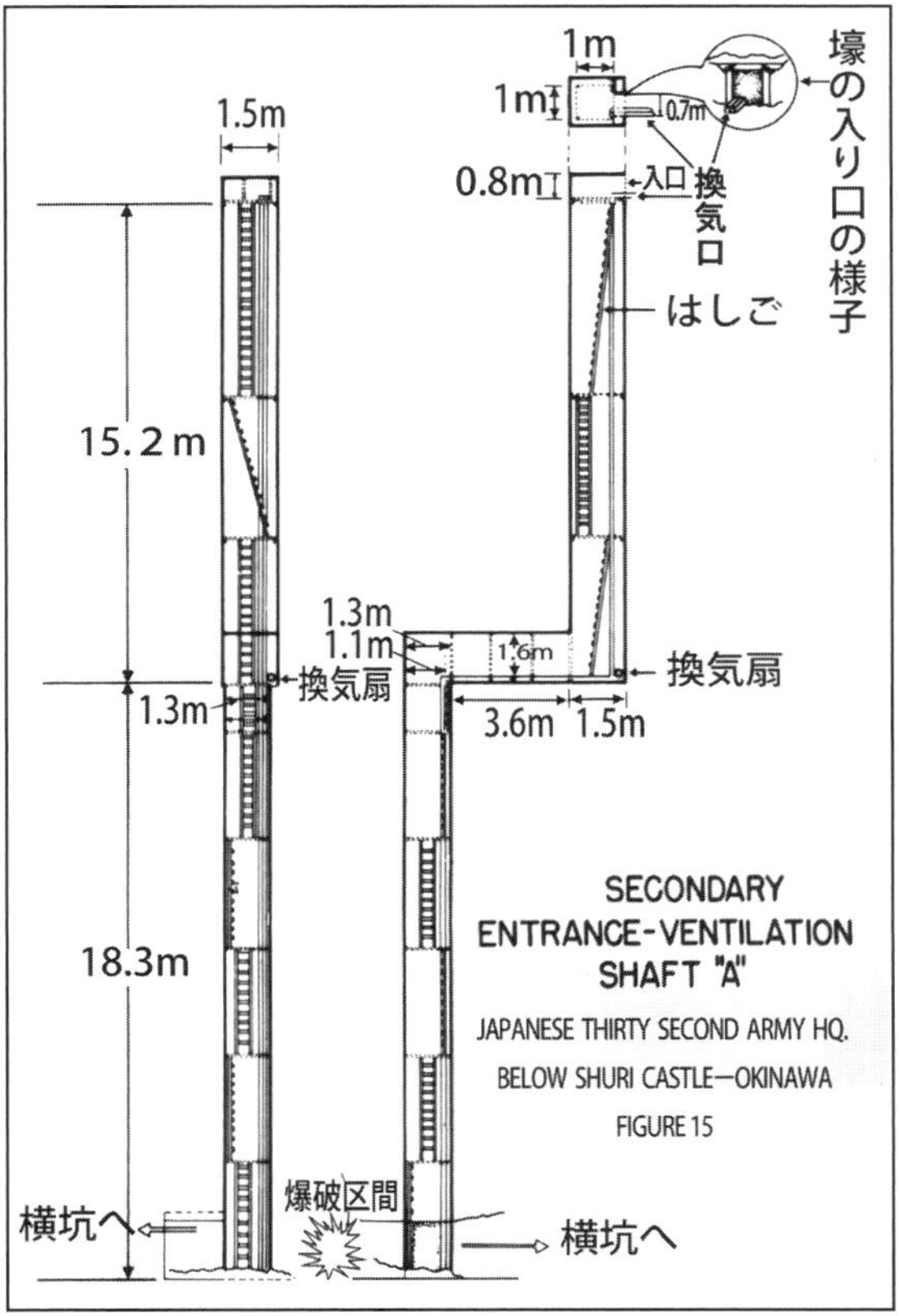

図 13　ShaftA 側面図。文字の打ち直し、省略など加工した（米軍情報報告書［フィギュア 15　第２の坑口－換気口 ShaftA］より作成。米国公文書館所蔵）

いていた。１９４５年米軍が撮影したもので、写真説明には「FIGURE（図）９ Entrance of ShaftA（立坑Aの入り口）」と書いてある。司令部壕の写真の中で、地上でしかも周囲の風景が映っているのはこの一枚だけである。米軍がこのShaftAを発見するまでの経過を、同報告書は次のように書いている。

《沖縄での軍事作戦が始まる前から、第32軍司令部は首里城か、その周辺にあることはわかっていた。荘厳なる城は、小さな首里町の最南端に位置し、豆のような形状をした隆線に沿って建っていた。かつての琉球王国の王達の居城だった。……作戦開始後の捕虜への尋問と資料から、首里背部の稜線に精巧な地下トンネルがあり、その中に司令部があることが判明した。……

5月29日、第1海兵師団の部隊が首里城（castle ridge）を占領、その後すぐにG－2第10軍の派遣部隊が司令部壕の場所を見つけるために現地に到着した。それから数週間、複数の壕の入り口を開けるために捕虜が動員されたが、壕内部からの爆破と凄まじい外部の砲撃で、城の北側にあった複数の入口は完全に閉鎖されてしまっていた。……爆破された出入り口を開けようと何回も試行錯誤した後ようやく、換気口が一本見つかった。……その後、第3坑口が開かれ、牛島将軍の部屋と執務室が発掘された。》

首里を占領した米軍は45年5月29日、第10軍の先遣隊を派遣し、蛻《もぬけ》の殻になった日本軍の地下司令部の入り口を発見しようと、懸命に捜索をしたが見つからなかった。しかし、数週間後ついに換気口（ShaftA

写真32　地上の換気口から入ると上部に広い空間がある（米軍情報報告書［フィギュア10　Shaft Aの上部］米国公文書館所蔵）

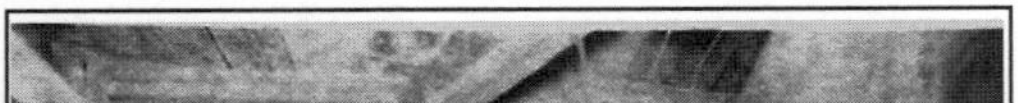

写真33　Shaftを上から見たところ。梯子が約5mごとに向きを変えて取り付けてあり、乗り降りができる（米軍情報報告書［フィギュア11　ShaftAの内部］米国公文書館所蔵）

FIGURE 28
Thirty Second Army Headquarters Air blower in Points #17 and #18.

写真34　第1坑道の東側の枝抗には大型の送風機が設置されていた（米軍情報報告書［フィギュア28　第32軍司令部の大型送風機、ポイント#17と#18」米国公文書館所蔵）

＝立坑）を発見し、そこから進入し、調査を開始した。

米軍情報報告書によれば、大きな岩の北側の真横の換気口から入ると上部には空間があり、琉球石灰岩をくり抜いて作った立坑が地下に向かって33・5メートルの深さまで彫られている（図13・97ページ）。10階建てのビルの高さに相当する。

内部は約5メートルごとに向きを変えて梯子がかかっていて、上から15・2メートルの地点で坑道が折れ横に3・6メートル進み、さらに地下に向かって18・3メートル続く。これは、琉球石灰岩の大きく頑丈な屋根に覆われ、もし地上の換気口に直接砲弾が落ちても、爆風が地下の第1坑道に直接到達しないように設計されていた。途中には換気扇も設置されて、第1坑道と立坑が交わる地点の近くには大型の送風機が備え付けられ、新鮮な空気を坑道内に届けるようになっていた（写真32、33、34、35）。

米軍は、この換気口の33・5メートルの梯子階段を降り、第1坑道を発見した。しかし、第2坑道との交差点より西側の第2坑道（約15メートル）は、撤退時の爆破により崩落していて、進めなかった（口絵E「首里司令部中枢拡大図」参照）。その後、米軍は第3坑口を発見する（写真36）。場所は守礼門の下、城西小学校敷地内の北側の崖面にあったとされるが、現在は不明である。守礼門の標高は109・3メートル、その地下13メートルに第3坑道が通っていた。

③司令官室の場所

《その後、第3坑口が開かれ、牛島将軍の部屋と執務室が発掘された。第3坑口と牛島将軍の部屋の写真は、フィギュア図を参照。将校たちの部屋と坑道の写真は、フィギュア図を参照。第32軍と第24師団司令部の部屋と垂直換気口〝A〟付近坑道の写真は、フィギュア図を参照。》（巻末にほとんどの写真を掲載。）

「第3坑口が開かれ、牛島将軍の部屋と執務室が発掘された」との記述から、フィギュア16（写真36）は第3坑口から入ると急な下り階段がある。降りたところからの写真はフィギュア18（写真37）。まっすぐ行

写真35　立坑を15.2m降りると、折れて横に3.6mに続く部分（米軍情報報告書［フィギュア12　ShaftA、1番目の部分の換気口］米国公文書館所蔵）

FIGURE 16
Entrance # III to General
Ushijima's quarters

写真36　第3坑口＝現在の城西小学校の敷地内にあり、守礼門のほぼ下に位置していた（米軍情報報告書［フィギュア16　牛島司令官の部屋に向かう第3坑口］米国公文書館所蔵）

くと正面は用途不明のエンジニアトンネルの入り口に突き当たり、左側に曲がると牛島司令官の部屋・執務室屋になる（フィギュア19　写真38）。「部屋」となってはいるが、通路を仕切って司令官室、参謀長室に割り当てている。司令官室としてよく目にする102ページの写真39とは違うようだ。天井はトタンの波板で机があり、三方が壁になっているので、この「司令官室」は別の場所のものではないか。

この写真39は、1972年『これが沖縄戦だ』（琉球新報社152ページ）では、「首里の第32軍司令部の

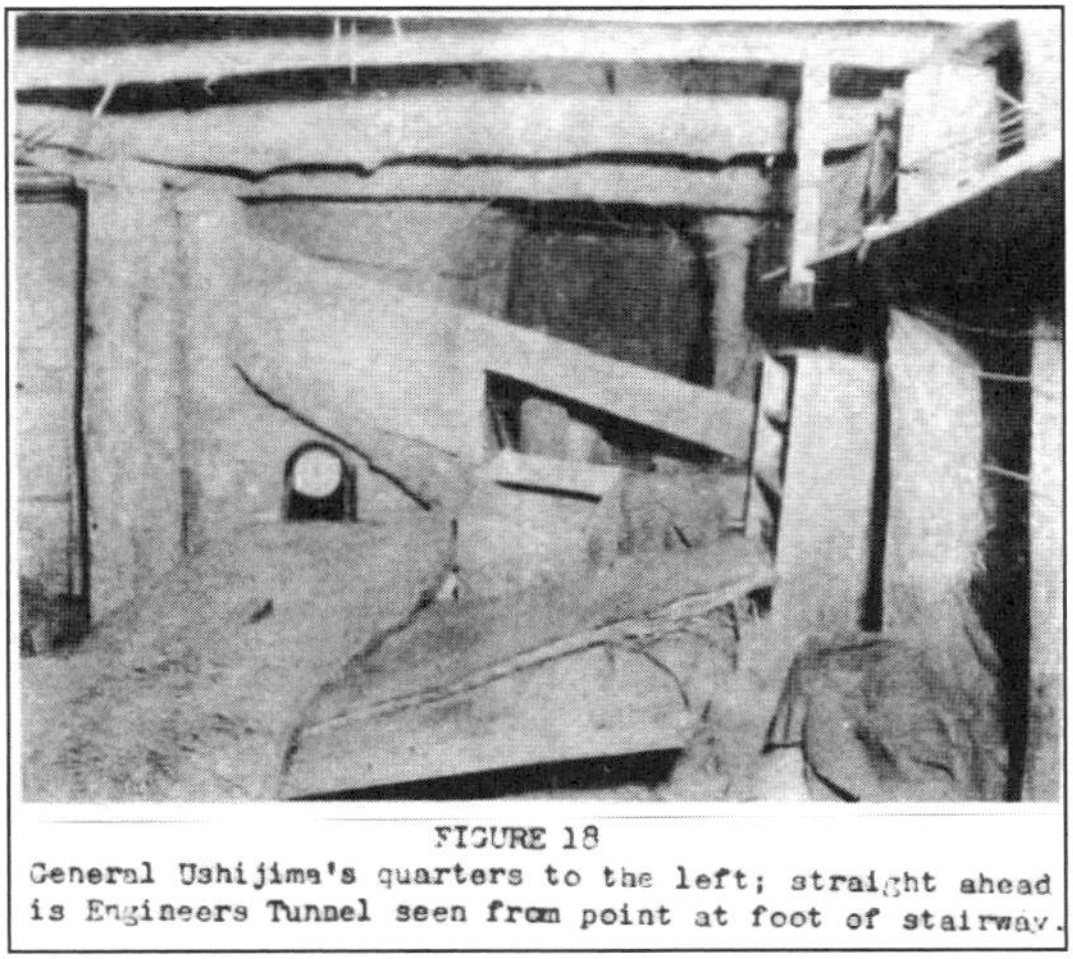

写真37　第3坑口の階段を降りたところの真向かい（南側）に細いエンジニアトンネルの入り口があり、左に曲がると司令官の部屋（米軍情報報告書［フィギュア18　階段の足元から見て、左に向かうと牛島司令官の部屋、真向かいはエンジニアトンネル］米国公文書館所蔵）

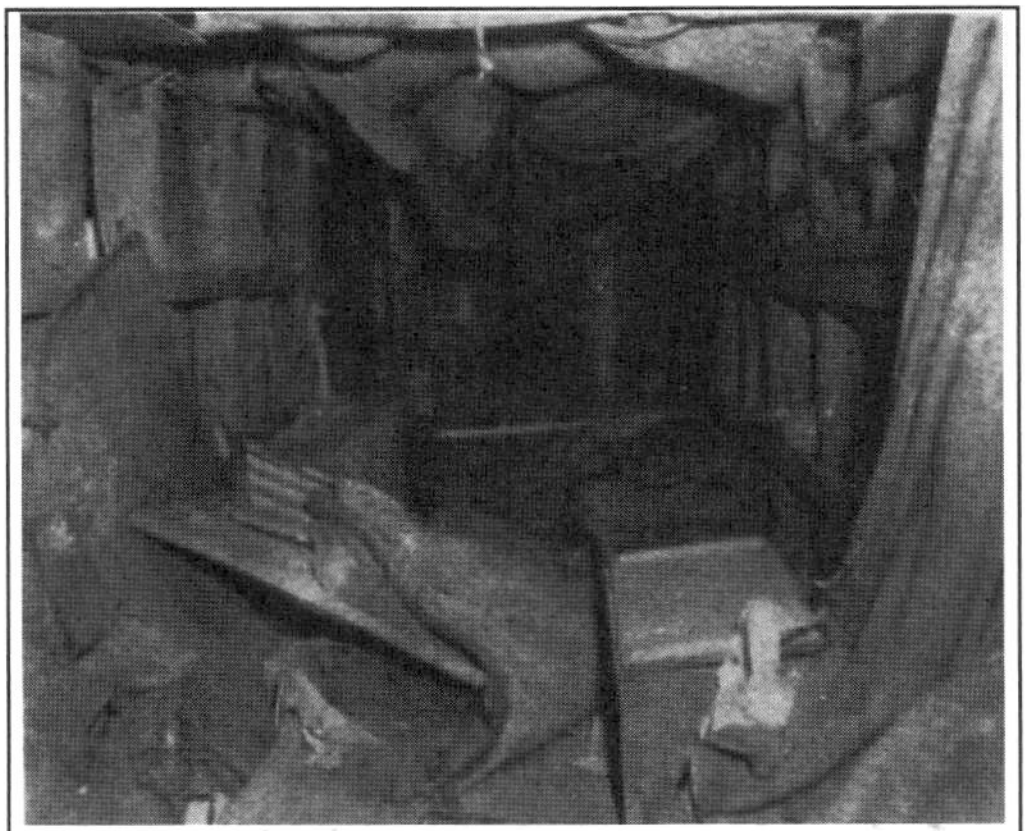
FIGURE 19
General Ushijima's quarters Point #1 looking at Point #I taken from Point #2.

写真38　牛島司令官の部屋。「司令官室」と言われている写真39とは違う部屋だ（米軍情報報告書［フィギュア19　ポイント＃2からポイント＃1牛島司令官の部屋を見る］米国公文書館所蔵）

写真39　司令官室（1945年7月6日米軍撮影、沖縄県平和祈念資料館提供）

内部」と説明がついていた。米軍情報報告書には、この「司令官室」の写真は掲載されていない。

八原博通著『沖縄決戦』には《洞窟内は、……狭くて奥深い坑道内には、人間が充満しているから空気の流通が悪く酸素が希薄だ。停電した時はロウソクの灯りも途絶えがちである。……洞窟の中心部が一番条件が悪いので、半月もすると軍首脳はすっかり参ってしまって、再び第1、第2坑道近くの旧位置に復帰せざるを得なくなった。ここは出口に近く比較的空気の流通がよいからである。》（181ページ）とあり、司令官室、参謀長室が移動していた。

また同書85ページの八原氏が描いたと思われる「首里軍司令部洞窟略図」では、司令官室が二か所描かれている。第1坑道中央部の軍司令官室、参謀長室、高級参謀室と第3坑道上の後期とただし書きがある司令官室、参謀長室、参謀室である（八原氏の洞窟略図は、第1坑道と第3坑道が逆になっていて、また、第5坑道を第6坑道としている）。

写真40　ShaftA（換気口）があった木曳門の西側。

吉浜忍著『沖縄の戦争遺跡』（吉川弘文館）では、《１９４５（昭和20）年４月９日の段階では、第１坑口、第２坑口、第３坑口付近には、衛兵や警備中隊、機関銃中隊などの守備部隊が、その南側の中央部に司令官、作戦参謀、電報班、電波警戒隊などの司令部中枢や情報関係部隊、……が配置されていた。４月29日には第24師団司令部が移動し首里司令部壕の司令官室や作戦参謀室のある位置に配置され、……４月後半からは戦況の変化によって首里司令部壕内の配置が著しく変動していることが分かる。》（沖縄県立埋蔵文化財センター調査報告書 第75集１１４ページ）とある。

司令官室は、４月９日は第１坑道の中央部にあり、４月24日以降は第３坑道の「牛島司令官の部屋・執務室屋」（写真38）に移動したと考えるのが妥当だと思う。

97年に私が第３坑道に入坑した際、写真39のように坑道から凹んだ部分を探したが見当たらなかった。従って、写真39の司令官室は、第１坑道中央部あったもので間違いないと思う。

④ ShaftA 換気口の場所―見当たらない木曳門前の位置

ShaftA の場所を探すために私は何度も現場を訪れた。史跡首里城跡と琉球大学跡の石碑を右手に見ながら首里正殿方向に向かって坂道を登って行くと木曳門《こびきもん》（写真40）がある。

米軍情報報告書の平面図では木曳門の右手前辺りである。沖縄県の試掘調査報告書は、ShaftA の位置は、断面図では記載があるが、平面図では不明瞭である。沖縄県の調査では、ShaftA については、未調査であった。日本軍の機密文書「天ノ巌戸戦闘司令所増設図」（45年4月29日）には、米軍報告書の位置から約10メートル程度南側に明記されている。

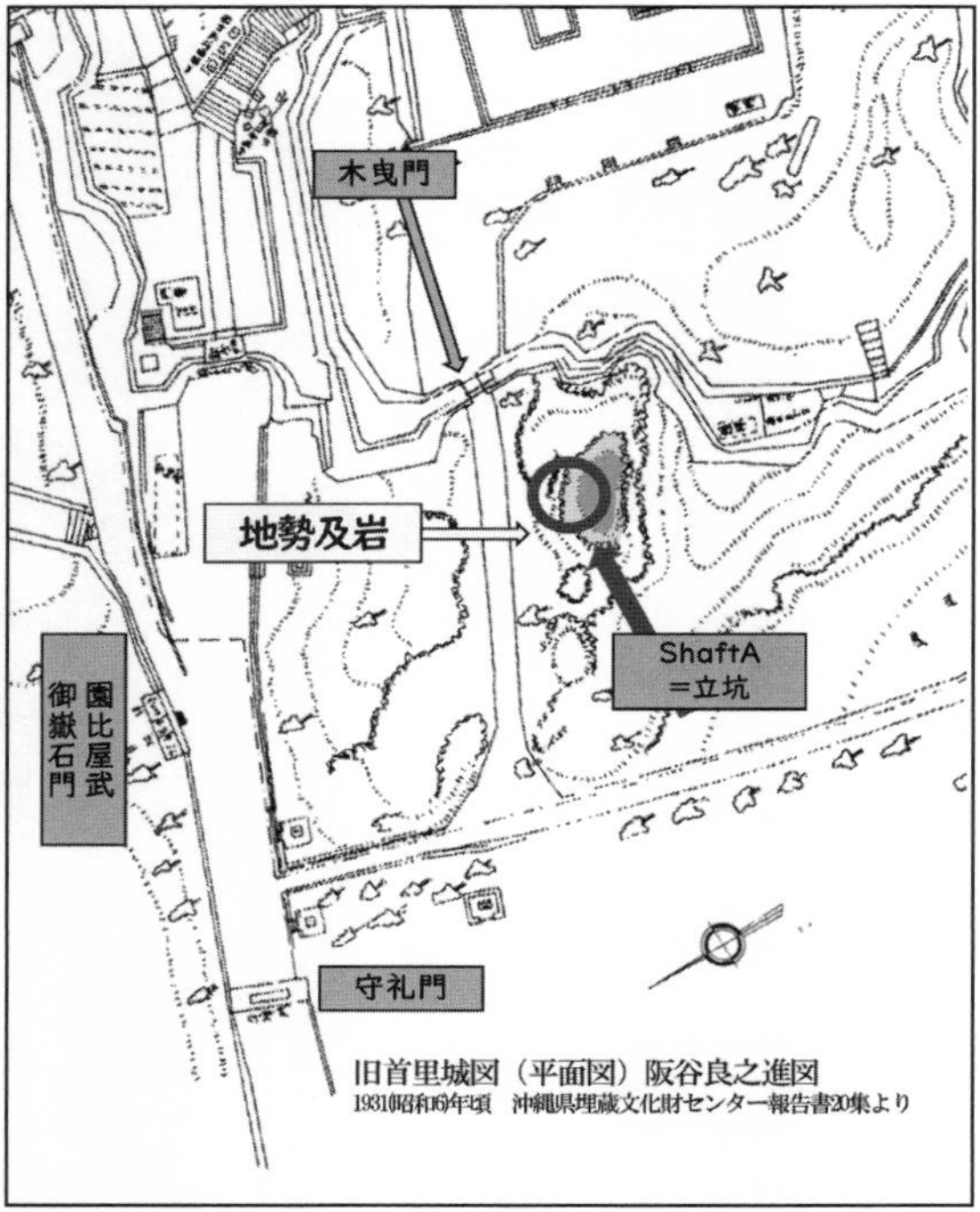

図14　旧首里城図［阪谷図 1931 年頃］（『沖縄県埋蔵文化財センター報告書 20 集』2004 年３月所収より）

　しかし木曳門の周りには、写真29のような高さ8メートル以上の大きな岩など見つからない。高さ2メートル以下の琉球石灰岩の周りに木々が茂っているだけである。また、それらしきマンホールや蓋など地表面からShaftA があった跡は見つけることができなかった。

　果たして木曳門前にこの大きな岩はあったのか。

　１９４５年以前の地形図を探してみたが、１９１９年発行旧陸軍陸地測量部発行の２万５千分の１では詳しくは読み取れなかった。１９３１年ごろ作成された阪谷良之進図と言われる「旧首里城図（平面図）」は縮尺約６００分の１で、平面図としては、きわめて精緻に作られている（図14）。１９４５年４月２日米軍撮影の航空写真（Ⅲ章扉参照）ともぴったり重なった。

写真 41　米軍撮影航空写真（1945 年３月・アースマンの系図ブログより作成）

　この鮮明な旧首里城図で木曳門の周辺を見てみる。凡例で「地勢及岩」と表されている木曳門西側に岩があった。この岩は、写真に写っている高さ8メートル以上の大きな岩で間違いなさそうである。

　１９４５年3月米軍撮影の航空写真では、どうか。

　「Shuri Ruins 1945 before L–day」（写真41）と名付けられた写真には、ShaftA のあった岩が鮮明に映っている。L–day は米軍が読谷海岸に上陸した4月1日をさしている（アースマンの系図＝「Urthman's Genealogy Blog」より）。

琉球新報1992年6月21日の「首里城地下の沖縄戦5」では、師範学校教官の宮城実吉さんが、「たて坑は首里城木曳門に向かって右側、城壁の手前から掘り進んで本坑道につながる」とも指摘している。

同記事は、米軍情報報告書のShaftA＝換気口について次のように述べている。

《米軍上陸時までに完成しなかった。たて坑工事は戦争突入後、爆撃や機銃掃射にさらされながら急ピッチで進められた。たて坑は首里城木曳門に向かって右側、城壁の手前から掘り進んで本坑道につながる。那覇港沖、慶伊瀬島（チービシ）の砲台から打ち込まれた砲弾が城壁に直撃、城壁に沿って積み上げられた火薬が燃え出したことがあった。

爆風に吹き飛ばされ、作業中の兵士と学生がたて坑内に落ちて死傷者が出た。坑道作業も困難を極めた。城西小学校側の第2、第3坑道は第1坑道と合流して本道になった後、第4坑道へ分かれる。本道はさらに金城町側に伸びて第5坑道と接続する。特に第5坑道につながる下り斜面の工事現場はガスがたまり、ろうそくの火が消えるほど空気が薄かった。

「本道側の作業班は窒息しないように、ロープで下に降ろすと二、三回つるはしでかき起こし、すぐに引き上げた。次にもっこを持った学生が降りてゆき、大急ぎで土を入れて引き上げた。この繰り返しだった」と師範の教官で、野戦築城隊第三中隊にいた宮城幸吉さん（81歳）が難工事を振り返る。

「貫通したのは4月の末あたりかな。貫通式をやって喜びあった」と上原扉誠徳さん（63歳）。豊里安陞さん（63歳）も「ちょうど貫通した時にその場所にいた。感激した」と語った。》

⑤琉球大学の関係資料――工事記録見つかる

米軍の砲弾等により、焼失・崩壊した首里城跡には琉球大学が１９５０年に開学した。１９７７年から84年にかけて西原町などに移転するまで、琉球大学のキャンパスであった。

２０２１年度に入り、琉球大学の協力により１９５０年代の航空写真などを調べた。

開学から二年目の１９５１年、首里キャンパス全景の航空写真（写真42）は西南方向から撮影されている。首里城があった丘はひと際高く、西《いり》のアザナ（展望台）の跡は、さらに周囲より高くなっていることが分かる。司令部の坑道は、その地下深く、南北に掘られていた。

大学の本館は首里城正殿とほぼ同じ位置に建てられた。その大学本館側（東）から見た１９５５年に撮影された（写真43）を見ると、沖縄戦の最中に艦砲弾などで破壊された城壁の岩が積み重なっているのが確認できる。西のアザナと木曳門への道の間にShaftAの岩と思われる少し低い岩が写っている。少なくともこの写真の撮影された１９５５年のある日までは、

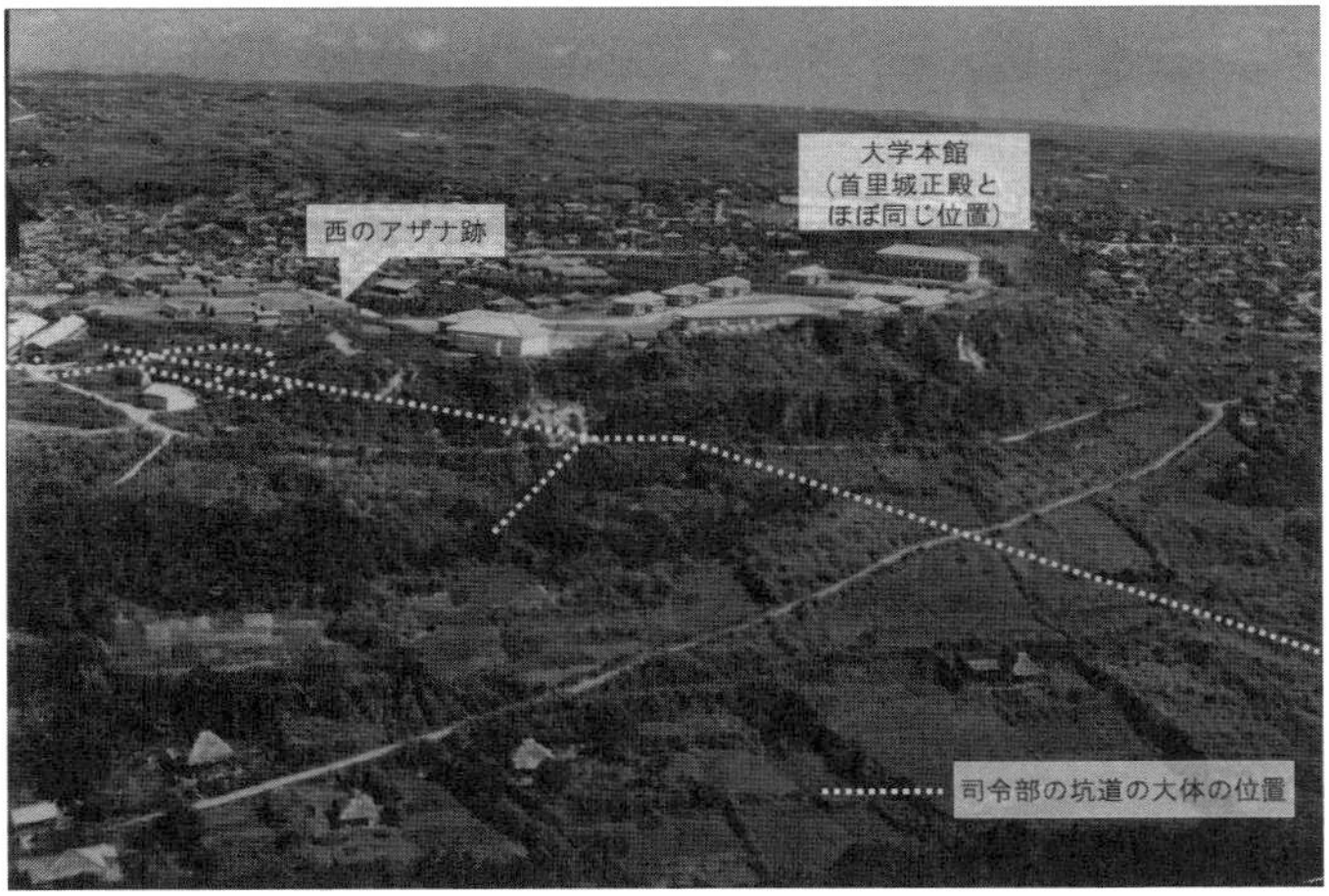

写真42　1951年開学当時の琉球大学首里キャンパス航空写真（琉球大学所蔵、司令部壕の坑道はイメージで記入）

ShaftA の岩は存在していた。

では、ShaftA の岩はいつなくなったのか？

ほぼ同じ西側から撮影された１９５５年と56年の琉球大学全景の航空写真を比べる（写真44）。

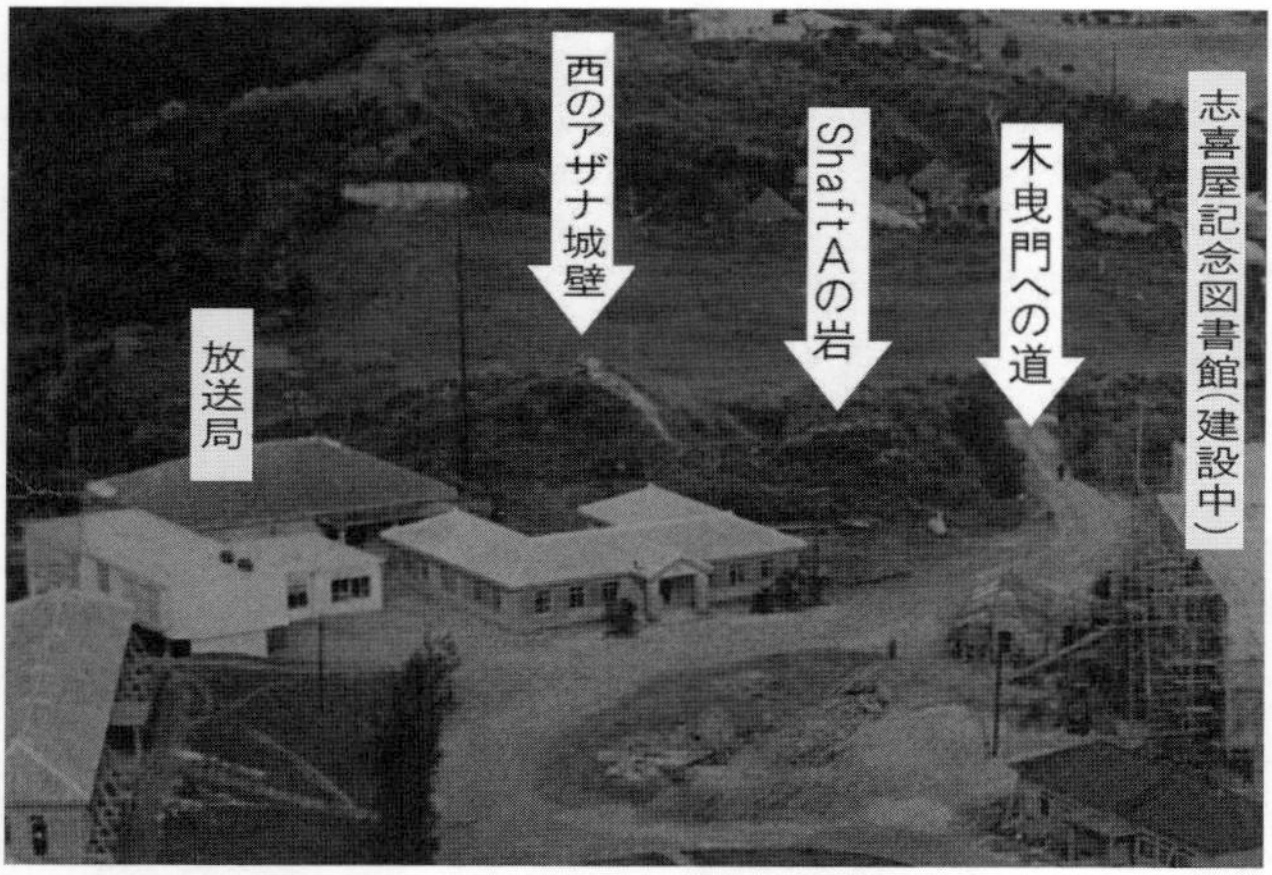

写真 43　西のアザナと木曳門への道の間に ShaftA の岩が写っている。1955 年首里キャンパス航空写真〈部分〉（琉球大学所蔵）

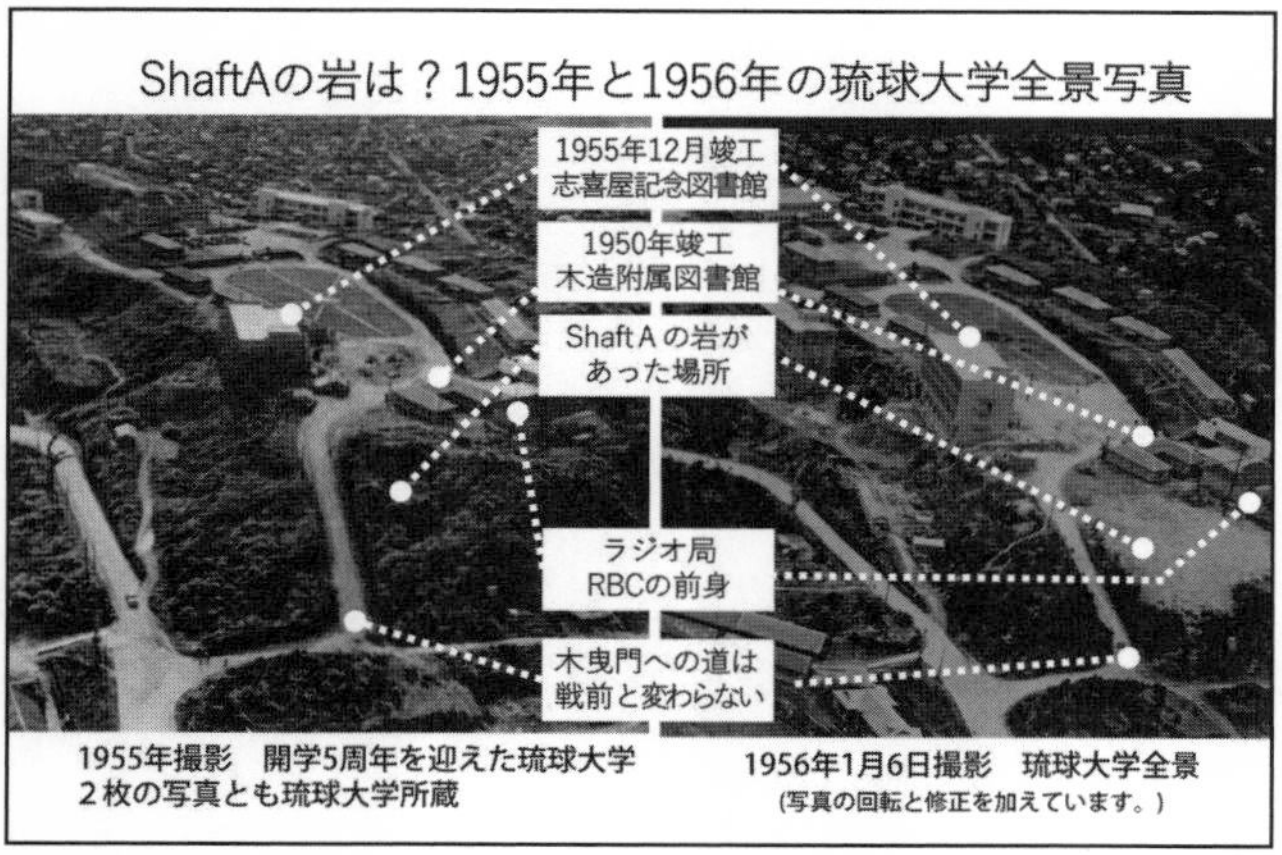

写真 44　右側の 1956 年の写真には ShaftA を含む西のアザナ跡の丘の岩がなくなっている

両方に1950年竣工の木造瓦葺きで凹形の附属図書館とラジオ局がある。55年にはそれら建物の西側（写真では手前）は、明らかに高く小高い丘のようになっている。これが、写真31のShaftAがあったと思われる大きな岩だ。木曳門に向かうまっすぐな道は戦前と変わらない。木曳門は首里城の修理などのために大きな材木などの資材を運ぶための門なので、道は直線に作られている。

1956年1月6日撮影の「首里キャンパス航空写真」には、ShaftAがあった岩を含む西のアザナ周辺の小高い丘の部分は整地され白く平らに見える。

首里にお住まいで首里城の再建に携わった安里進さん（沖縄芸術大学名誉教授＝考古学・琉球史）に2020年10月、木曳門の前でお話を聞いた。

「①城壁より高い岩は近くにない。城を守る観点からそのような岩は、城内及び城壁に取り込む。②木曳門周辺の城壁の復元は、史料が残っておらず、底辺の幅から高さを割り出したと思う。③首里城の近くに住んでいた。小さい頃この一帯に土砂を運んで整地をしている工事の記憶がある」

安里進さんの指摘を裏付ける貴重な史料が見つかった。

1955年の琉球大学理事会の議事録に、以下の記述があることが分かった。

《銭高組の奉仕作業について

旧図書館裏高台は雑草生い茂り、本学玄関口の風致をそこねていたが此の度民政府情報教育部長リフェン・ダーファー氏（ディフェンダーファー氏のこと）の斡旋に依り、土建業銭高組がその整地を無料奉仕することを申出で、去る八月二十二日着工、十一月三十日三ヶ月余に亘る工事を完了した。》（『1955年度琉球大学理事会議事録第3号』「状況報告」自1955年10月　至1955年12月より）

英語講座開設

比島出発決る

石川ゆき講師渡日中

学内庭球大会

伊敷課長渡日

銭高組の奉仕

城間助教授近日中に渡日

写真45　整地工事の様子を伝える琉球大学『週報』65号（1955年10月12日・琉球大学所蔵）

この工事について、琉球大学が職員向けに発行していた『週報』65号（1955年10月12日）にその様子が紹介されていた（写真45）。

《銭高組の奉仕作業は八月二十二日から開始しているので、やがて二ヶ月近くの長期におよんで居り其の間、作業員が毎日五名平均（多い時は十名）従事し、それにブルドーザーの出勤や、数回にわたりダイナマイトでの爆破作業を行って居り、いかに難事業であり又多額の費用を要したか、大体想像がつくと思う。》

同年8月21日沖縄タイムスは、「琉大周辺を美化　銭高組が整地作業を奉仕」と題する記事で、整地工事の様子を伝えている（写真46）。

《十九日朝から琉大入り口、放送局の西側の丘に一台のブルドーザーが現れ付近の整地を始めている。先週の火曜日に政府の食堂で民政府デイ《[ママ]》フェンダーファー情報教育部長が茶飲み話程度に、「琉大周辺を美化したいが」と洩らしたのを同席していた銭高組山本所長がきいて、早速ブル一台を派遣、無料奉仕で作業に当たらしている。整地作業は大体十日間続けられる予定……。》

さらに10月3日同紙は、《最初　一週間か十日ぐらいの予定だったというこの奉仕作業は現在も続行中で、もう五十日近くにもなる。作業着手当時はブルドーザーが一台派遣されていたが、最近では岩石も多い地域でもあり、石割や爆破作業のため同（山本）氏は、労務者数名もつけて整地に当たらせて、キーフィチ（木曳）御門と呼ばれているこの附近は、記念運動場に通ずる位に見違えるように整備されつつある。》と大掛かりな工事になったことが読み取れる。

やはり、ShaftAが彫られていた大きな岩が壊されて、大掛かりな整地工事が行われていた。

現在も木曳門の西側近くに再建された城壁下の方に取り込まれたように、ごつごつした琉球石灰岩の岩の一部が残されている。

図14の旧首里城（平面図・阪谷図）で確認できる大きな岩は、城壁より約20メートル位離れていて、城壁より低かった。木曳門から西のアザナにつながる城壁は、沖縄戦時に破壊されたが、１９５５年まで、そのままにされていた。

新聞報道よれば、工事の開始は実際は19日朝から行われていたようだ。銭高組が無料奉仕で、１９５５年８月19日～11月30日に整地

写真46　整地作業をするブルドーザー。左奥は建設中の志喜屋記念図書館（1955年8月19日、沖縄タイムス社提供）

工事を行い、その際にはブルドーザーなどの重機やダイナマイトも使われた。そのため契約に基づく他の工事と違い、工事写真や工事のための設計図などは残されず、またShaftAの存在の確認や調査は行われなかったと推測される。整地された場所には後に学生センター、生協、土木校舎が建てられることになる。

私がShaftAに注目する理由は、第2坑道と第1坑道が交差しており、この地下に司令部壕の中枢部が埋まっているからだ。しかも米軍の調査や沖縄県の試掘調査でも、崩落で立ち入ることができなかった場所である。

⑥地下司令部壕爆破と日本軍機密文書の行方

前述の通り、現県立芸大金城キャンパスの南側崖の途中にある司令部の第5坑口から25メートル地点に炊事場の坑道があった。炊事場（kitchen）（写真25）と第32軍の機密文書について、米軍情報報告書には以下のように書かれている。

《第10軍のG−2は作戦中多くの公文書を入手していたものの、当時の日本側のセキュリティ体制は総じてとても高かった。しかし明らかに、首里地区司令部壕内の文書廃棄と爆破を担当した部隊は、アメリカ人が絶対に壕に入らないと思い込んでいた。多くの文書が破棄されたものの、復元された重要文書も多い。炊事場は、第32軍の最重要文書を燃やす場所として計画された。

しかし、破壊部隊は文書を燃やさずに埋めた。》

《坑道の状態は、撤退を始めた時に司令部がかなり混乱していたことを示しているようだった。写真を見てもわかるように、床にはありとあらゆる装具が散乱しており、家具はひっくり返っていた。捕虜の尋問によると、実際のところは、司令部はかなり秩序立って現場から撤退していた。書類の破棄と全坑道の爆破命令も下していた。破壊部隊は、書類の破棄については命令を実行に移さなかったが、壕の入り口を爆破することには尽力した。》

米軍報告書はさらに、《(第1坑道にある)第32軍情報室壁ボードの後ろから、複数の重要な文書が発見された。その他の文書は、首里稜線(Shuri ridge)後方の屋外で発見された。第62師団が記録を燃やそうとした場所である。雨と付近への爆撃で地滑りが起きたため、火は消され、書類は埋もれずに残った。》としている。

首里司令部を撤退した第32軍は、機密保持のために文書を完全に焼却しようとしたが、一部は処分したものの、燃やしきれずに、埋めたり、隠したりしたため、結局かなりの書類を米軍に回収されている。そうした機密書類は、沖縄占領後のために研究され、米軍情報報告書としてまとめられ、米国公文書館に保存されている。

米軍は来たる日本本土上陸、11月の九州南部(オリンピック)作戦、翌46年3月の関東地方上陸(コロネット)作戦に向けて、日本軍の陣地構築の方法や技術を知り、その攻略方法を研究するためだった。沖縄戦に関する防衛庁防衛研修所戦史室などに所蔵されている日本軍側の文書、写真、イラスト図のかなりの部分は、米軍のスタンプが押されたコピーである。

司令部壕についても同様で、米軍報告書以外の写真や資料もまだまだ米国公文書館に眠っているはずだ。日本軍側の文書が破棄されている中で、とても貴重な司令部壕の史料である。

⑦第62師団工兵隊が司令部壕爆破を実行

ここで米軍情報報告書で「破壊部隊」と名付けられた第62師団工兵隊について、日本側の証言と資料を見てみよう。また南部撤退の際の第32軍司令部壕の爆破は、どのように行われたのであろうか。

琉球新報「地下からのメッセージ32軍司令部壕」は「壕の爆破は工兵隊」と題する記事を掲載している。

《元初年兵ら二人が証言　10兵士急造爆雷など使用

第32軍司令部壕は首里から司令部が撤退する際、坑道爆破したと言われるが、実際に壕爆破に携わったのは司令部ではなく、第62師団工兵隊が爆破の命を受けていたことが、当時同部隊にいた生存者の証言で分かった。

証言をしたのは、当時工兵隊軍曹（後に曹長）で、大阪在住の水野芳男さん（72歳）と、水野さんの部下で初年兵として入隊していた浦添市大平の伊良波長文さん（66歳）。証言によると首里の陣地から豊見城村長堂に撤退した工兵隊の10人が5月27日から28日未明にかけ、「32軍司令部壕の秘密保持」の目的で司令部壕を爆破するため、首里に向かったという。

伊良波さんによると、工兵隊の陣地壕は32軍司令部壕の東側、那覇市首里赤田町一丁目から当蔵町三丁目にかけての沖縄キリスト教短期大学跡地の地下に築かれていた。工兵隊は司令部が首里を撤退するのに伴い5月27日、長堂に撤退する。水野さんによると、撤退した部隊は犠牲者が多数出ていることから、津嘉山で部隊の再編成を行ったが、その際、太田吾一伍長ら10人が工兵隊の金木徳三郎少佐から32軍司令部壕を閉そく（爆破）するよう命令を受けた。

10人の兵は、急造爆雷（牛島註：手榴弾を爆薬で挟み木箱に収納）（写真47、48）、戦車地雷、ダイナマイトを担いで27日深夜から28日未明にかけて首里に向かった。10人は28日早朝までに司令部壕に到着し、同日夕方に坑道爆破、部隊に戻る予定だったが、その後いずれも本隊には戻らず、捕虜収容所でも生存は確認されなかった。司令部壕を爆発する理由について水野さんは撤退後、「壕内に残された重要文書が米軍の作戦に利用される恐れがあったため、機密保持のため壕を爆破する必要があった」と説明する。また壕内に遺体が残されている可能性については「重症者は病院壕に運んであるので遺骨はそんなにないと思う」と語っている。》（1992年7月15日夕刊）。

FIGURE 14
Disarmed charges at base of entrance Shaft A

写真47　Shaft Aの底の部分にあった不発の急造爆雷だと思われる。もし爆発していたら、Shaft Aの下部は残っていなかったかもしれない（米軍情報報告書［フィギュア14　Shaft Aの入り口の破棄された爆雷］米国公文書館所蔵）

Figure No. 72
COMPONENT PARTS OF ABOVE MINE CHARGE IS ABOUT 15 POUNDS OF PICRIC CYLINDERS.

写真48　急造爆雷の蓋を開けたところ。木箱に手榴弾を起爆用に、その周りに爆薬を入れたもの。対戦車用の地雷として作られたが、沖縄戦では荒縄のひもを付け、兵士や学徒隊が背負い戦車への特攻兵器としても用いられた（米軍情報報告書フィギュア72　米国公文書館所蔵）

米軍情報報告書によると第32軍撤退後、米軍は壕内に入り坑道が爆破されていることを確認している。爆破のため通行できない坑道、爆破したものの落盤が少なく通行可能な坑道が明記されている。

最近公開された国立公文書館の「第62師団工兵隊　留守名簿　石第3598部隊」を見てみよう。名簿作成時45年1月1日には251人の名前があった。そのうち沖縄県出身者は69人。沖縄戦当時は270~280人が所属し、生還（復員）者は31人であった。戦死日・場所では、4月25日＝牧港31人、5月22日＝首里23人、5月24日＝首里60人、南部撤退以降の6月22日＝摩文仁19人、6月24日＝摩文仁27人と、特定の日と場所で戦死者が特別に多いことが分かる。

また、前述の記事にあった司令部壕爆破の命令を受けた10人については、太田吾一伍長の名前は確認でき、戦死日は6月2日、首里となっていた。しかし同じ日の戦死者は他にはいなかった。また、爆破が行われたであろう5月27日から6月2日までの間には、太田伍長以外首里での戦死者はいなかった。

第32軍の南部撤退を完了するために重大な任務を受け、爆破を実行し、戦死したと思われる兵士たちの「戦死」が、どのように伝えられ、扱われたのであろうか。「第62師団工兵隊　留守名簿」からは、司令部壕爆破作戦の痕跡は読み取れなかった。

⑧首里城破壊に「遅延信管」使用と記録

米軍資料を基に首里城の焼失や米軍の司令部壕攻撃の方法についての研究を、2021年4月16日琉球新報が〈32軍壕を読み解く4〉で「米軍、首里城破壊を記録　地下の日本軍中枢狙う爆弾選択」と報じた。一部を引用する。

《正殿が焼失した正確な日時は分かっていない。米第10陸軍写真解析部隊を率いたラインハルト・T・コワリス元陸軍中尉の息子で、米ユタ州在住のバート・J・コワリスさん（68歳）のブログには、45年5月10日の空中写真が掲載されている。正殿はなく、南殿だけが姿をとどめている。これらの写真から、正殿は45年4月28日から5月10日の間に破壊されたとみられる。》

いつ、なぜ、首里城が燃えたのか。米軍の記録からひもとこうという動きが出てきている。沖縄工業高等専門学校准教授で琉球史が専門の下郡剛さんは、首里城の焼失について、「戦時下における首里城と円覚寺の喪失」（２０２１年３月、『沖縄高専紀要』）で考察している。

■〝遅延信管〟を使用

下郡さんは、米軍が使用した爆弾の種類から、《「米軍の真の攻撃目標は、首里城など地上構造物ではなく、地下に掘られた32軍司令部壕などの日本軍中枢だった」と推定する。着目したのは『沖縄戦最後の戦い』の中の45年４月17日、攻撃前日の「遅延信管付千ポンド爆弾を使用する」との記述だ。遅延信管は一般的に着弾した瞬間に起爆する「瞬発信管」と異なり、起爆を遅らせる信管で、軍艦などの艦船を攻撃する際に使用されるという（写真49）。》

米軍は首里城地下に日本軍が洞窟陣地を築き、防衛の中核になっていたことを知っていた。首里城など地表の建造物への攻撃であれば、瞬発信管を使うとみられるが、起爆を遅らせて地中深くの洞窟を狙うため、遅延信管を使ったとみられる。下郡さんは「地中貫通爆弾が開発される以前の従来兵器で、最も効果的に地下施設を破壊するために編み出された攻撃方法だったと言える」と指摘する。

写真49　左は首里城正殿。右の首里第一国民学校の校舎の〇印の部分だけが地震で倒壊したような壊れ方をしていることから、遅延信管を使用したと推測される（1945年3月米軍撮影　アースマンの系図ブログより）

米軍は、アジア太平洋戦争後半に数々の新兵器を開発し、技術力の差を日本軍に見せつけた。首里城正殿西側の細長いロの字型の首里第一国民学校の校舎が一部分だけ、地震で倒壊したように壊れている。通常の爆弾や艦砲弾とは違う破壊のされ方である。大型の軍艦の甲板を突き破り内部の機器を破壊する兵器だが、首里司令部壕に関しては、その威力を発揮できなかった。

八原高級参謀は《洞窟の構成は、要図の通りだ。一トン爆弾と四十サンチ砲弾に抗するのを目安として構築したものだが、我々は当初、果たしてそれだけの強度があるかどうか不安であった。しかし戦闘勃発と同時に皆はすっかり自信を得た。……敵の大型爆弾や四十サンチ砲弾が洞窟に命中すると強震の時のように洞窟はぐらぐらと揺れるが、中型以下の砲爆弾は、無数の豆を鉄板上に落としたように、ただぱんぱんと跳ね返るのみである。洞窟内は危険絶無、絶対安全だ。》（『沖縄決戦』１７８ページ）と述べているが、司令部壕の強度だけは、米軍の最新技術に耐えうるものであったようだ。

5月27日の撤退までに、第1坑口が4月中旬に破壊されただけで、内部が破壊されることはなかった。

⑨米軍情報報告書『Intelligence Monograph』の価値

沖縄県の第32軍司令部壕公開・保存検討委員会の委員でもある吉浜忍元国際大教授は、「この資料を初めて見た時、米軍がこれほど綿密に調べ上げていたことに驚いた。32軍壕やほかの陣地壕も含め、図面はほぼ正確だ」と資料の意義を指摘した上で、「今後は壕内部がどう使われたのか検証が必要だ」と話す（琉球新報2021年3月17日）。

また同紙は「第32軍壕を読み解く―米軍報告書から」との連載記事で《日本軍が首里を放棄し、本島南部に撤退した直後の1945年5月29日以降、米軍は32軍壕内に進入し、調査を実施した。報告書は写真や見取り図、捕虜の供述内容などを詳しく記録している。見取り図には、日本軍が撤退する際に爆破した箇所も記されている。司令部壕の中枢部にある情報室と24師団の作戦室を撮影した写真は大量の紙が散乱し、コードのようなものが垂れ下がっている様子が分かる。米軍の攻勢で戦力を喪失しながらも、戦略持久戴を継続するため南部撤退に踏み切った軍司令部の混乱ぶりがうかがえる。

吉浜氏はまた、「さまざまな平面図の原点は米軍情報報告書のものだが、県独自の平面図を作る必要がある」と述べ、米軍資料を踏まえ、県による現場調査の必要性を指摘している。》

76年前の沖縄戦時の司令部壕を写真に記録したのは米軍であった。沖縄戦当時、日本側の司令部壕の写真がない中、その直後に司令部壕を調査した米軍資料は、何よりも当時の内部を知る上で貴重なものである。米国公文書館および司令部に調査に入った専門家が、私的に保存していた写真資料などは他に代えら

写真50　軍服姿で丸太を運ぶ県立第三中(沖縄県名護)の生徒とみられる若者たち。陣地構築の作業をしているとみられる（アースマンの系図ブログより）

れないものである。その可能性が示されたのは次のブログである。

バート・J・コワリスさんのブログ「アースマンの系図」（「Urthman's Genealogy Blog」）には、県立第三中学生が、勤労動員で陣地構築の資材調達の作業をしているとみられる写真50が紹介されている。

米軍情報報告書に掲載されている多くの沖縄戦の写真に交じって、「1945年の沖縄の首里城と、取り残されたフィルムのロールの発見」（2014年3月1日）の中の1枚である。県立第三中学は名護にあり、勤労動員先は主に伊江島であった。この写真は、陣地に用いる坑木を切り出して運ぶところを写したのであろうか。この材木がどのように使われたかは、撮影日や場所が特定できないので不明である。県立第三中学校の柔道部の集合写真や若い教員、給食室などの写真もあった。これらは、米軍が首里城の地下壕から見つけたネガフィルムの現像写真だという。

沖縄戦から76年、アメリカでも沖縄戦の体験者たちの遺品を整理する中で、貴重な記録写真がインターネット上などに、私たちが見ることのできる所に出現してきている。そうした資料からも沖縄戦の解明につながることが期待できる。

このことからも、『Intelligence Monograph』以外の資料が存在する可能性を示している。戦争に勝利する目的であれ、敵である日本軍の陣地構築を調べ上げた米軍の探究心と記録力に感心させられる。2021年の現時点でも、司令部壕について最も多くの情報を持っているのは、残念ながら米国の公文書館である。

米軍資料の問題点をあえて挙げると――

①坑道図（平面図）の距離と形（特に第1坑道と第5坑道の接合部分）は、県が93・94年度の測量調査を行っている部分と異なっていて、県の調査の方がより正確である。

②標高の記述はなく、標高の測量調査ができていないと思われる。断面図は坑道の傾きなどの点で不正確である。沖縄県の調査で第5坑道は、南に向かって約3パーセント下がっていることが分かっている。

③司令部壕内の部署の配置図は、捕虜からの聞き取りによるもので、正確性を欠く場合がある。

しかし、全坑道の約84％を調査していることから、米軍情報報告書に掲載されている写真以外の、未発表の記録写真を含む資料が米国公文書館に所蔵されている可能性があり、新史料の発見が期待される。

Ⅳ章

第32軍首里司令部壕――保存・公開・活用の意義と提案

「なぜ第32軍司令部壕の保存・公開を求めるのか」第１回シンポジウム（第32軍司令部壕の保存・公開を求める会主催）で発言する著者。2021年10月30日琉球新報ホール（撮影：前城均氏）

1 前史、司令部壕公開の三度の試み

日本軍の沖縄戦の終結は、1945年9月7日に米軍の嘉手納基地での降伏調印により、第32軍としてようやく戦闘が中止されることになった。住民にとっての戦後は、個々人が米軍の捕虜となった日から始まる。

破壊された首里司令部壕は戦後、どのような「運命」をたどったのか。これまでの司令部壕の公開にむけての試みは三回あった。それらをまず検証してみる。

①1962年、那覇市

戦後一回目は、1962年那覇市による観光資源開発を目的とした復元工事であった。92年7月6日琉球新報は、「那覇市が1962年から63年にかけ、観光資源開発のための壕復元を検討し、その調査・復元工事に着手していたことが、当時の工事関係者の証言で明らかになった」と報じている。

那覇市内で経営コンサルタントをしている前原正治さん（92年当時67歳）は、那覇市の工事に携わった。戦時中の構造と同じように、松丸太や平材を用いて手作業で、復元工事を進めた（写真51）。

《工事が行われたのは守礼門近くの園比屋武御嶽下に坑道口があったといわれる第1坑道。しかし坑道の復元が約30メートル進んだ地点、現在の歓会門の前で落盤が発生。掘削を続けても土砂が崩れてくるため工事を打ち切った。工事の際、坑道口の前から貨物車二台分の遺骨が発掘された。坑道内には土砂を

運ぶトロッコのレール、軍靴、弾薬が残っていた》と語る。

この那覇市の貴重な復元工事資料は、現在那覇市にはなく、次に調査する沖縄観光開発事業団に譲渡されたという（吉浜忍著『沖縄の戦争遺跡』吉川弘文館90ページ）。もし存在するとすれば、この工事を担当した業者周辺に残っている可能性がある。

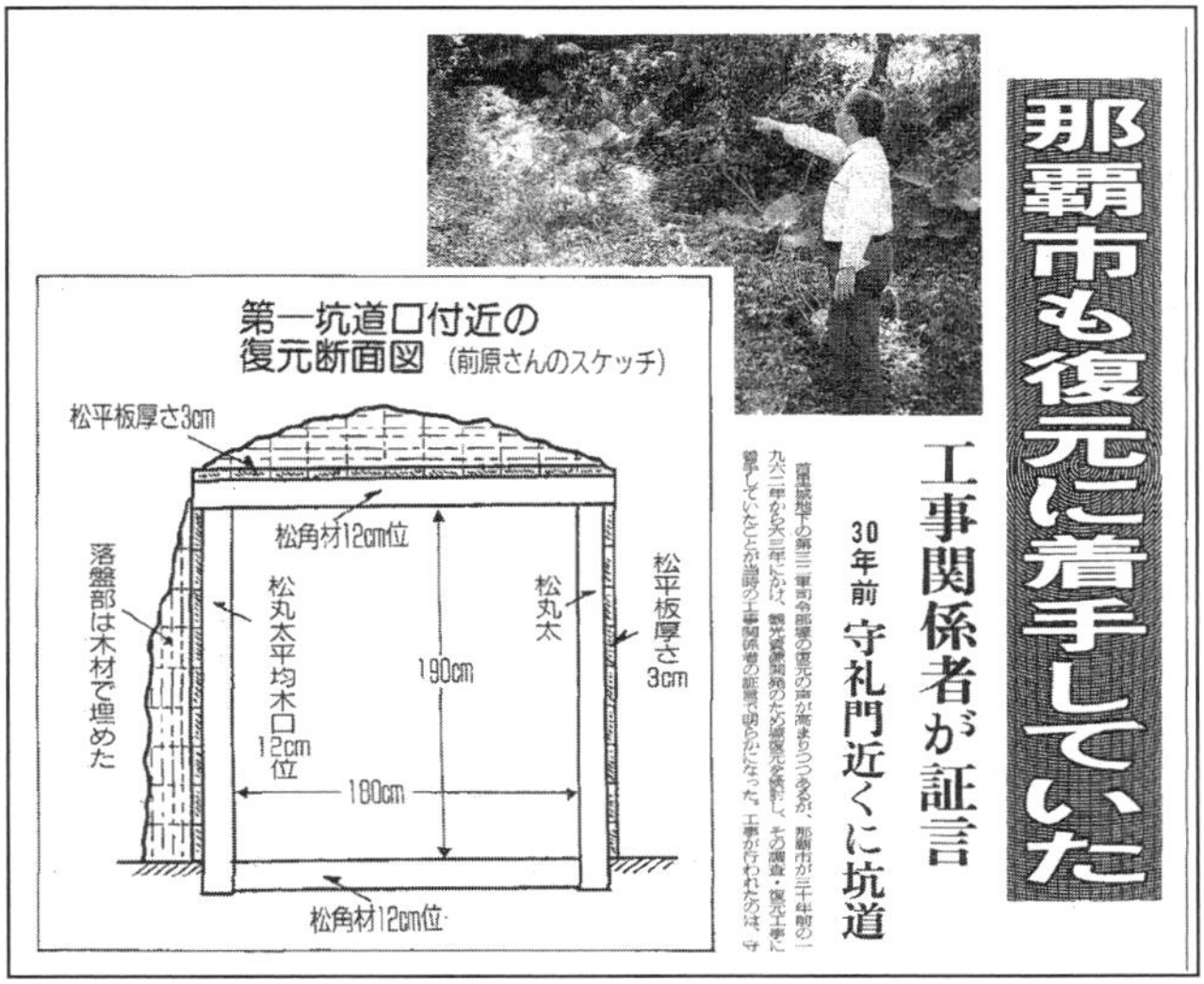

那覇市も復元に着手していた

工事関係者が証言

30年前 守礼門近くに坑道

首里城地下の第三二軍司令部壕の復元の声が高まりつつあるが、那覇市が三十年前の一九六二年から六三年にかけ、観光資源開発のため壕復元を検討し、その調査・復元工事に着手していたことが当時の工事関係者の証言で明らかになった。工事が行われたのは、守

写真 51　1962 年那覇が行った第 1 坑口復元工事の様子を伝える記事（部分）と担当した前原正治さんのスケッチ（琉球新報 1992 年 7 月 6 日付記事を一部加工。琉球新報社提供）

②1968年、沖縄観光開発事業団

二回目は1968年6月、現在の沖縄観光コンベンションビューローの前身、沖縄観光開発事業団が「戦跡である首里軍司令部壕を観光資源として開発するために可能性を探求し技術的に解明すること」を目的として調査を行った。

この観光開発事業団の調査は、総合土木コンサルタンツが受注し、東光コンサルタンツ（東京都中野区）の技術指導を得て「首里司令部壕開発調査報告書」としてまとめられた。報告書は写真、地図を含めて25ページで、調査期間は4月30日から6月30日までであった。

報告書によると、「戦時中首里壕に直接関係

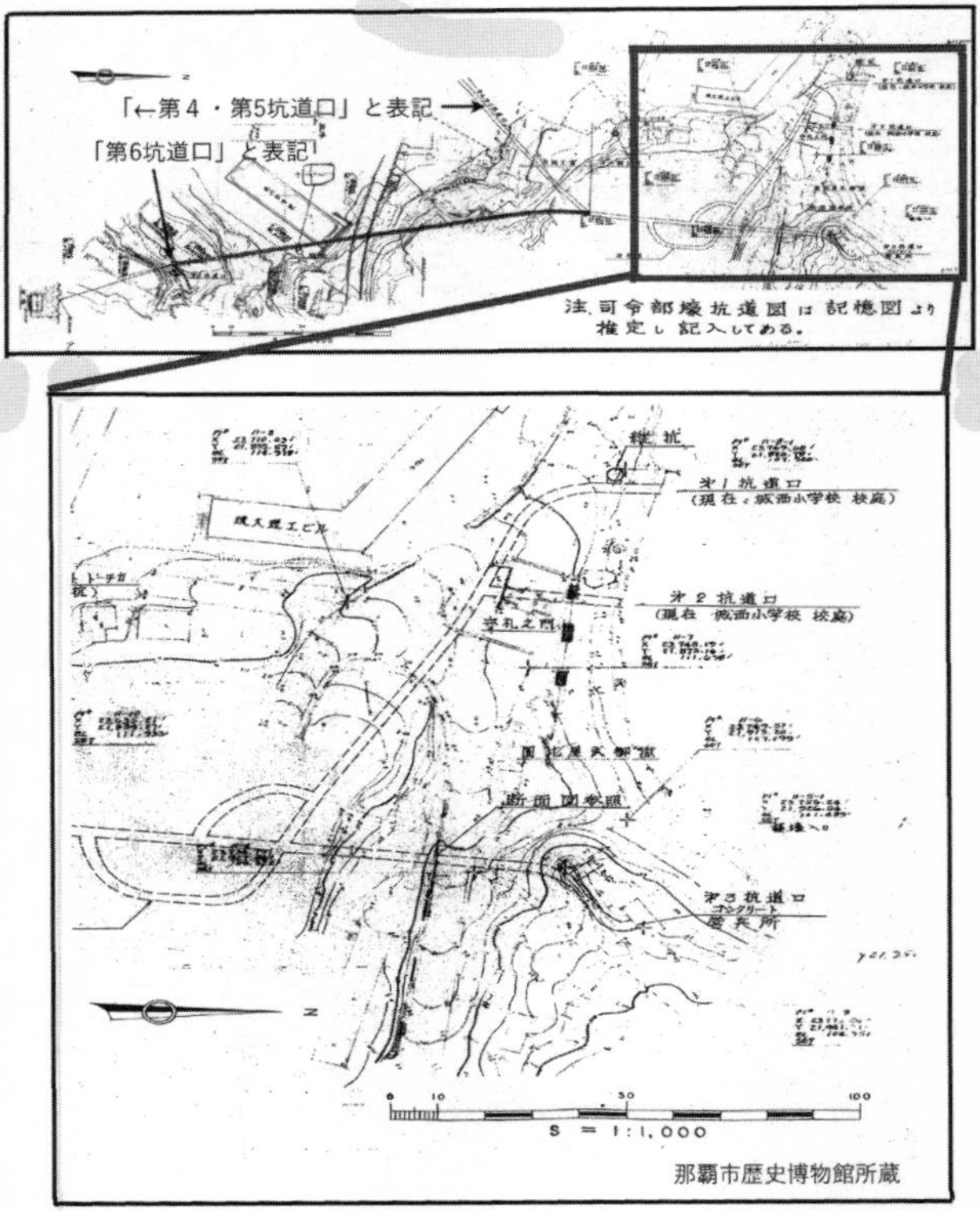

図15　軍司令部壕附近実測図［1/1000］の部分。（沖縄観光開発事業団「首里司令部壕調査報告書」1968年6月より。本図は本書の他の図と違って西を上に描いている）

された諸氏」による現地案内から調査計画を立て、沖縄戦当時高級参謀・八原博通氏などからの聞き取りを行った。掲載されていた「首里司令部壕記憶図」（『沖縄観光十年史』）、「首里司令部洞窟略図」（八原博通氏著『沖縄決戦』１９７２年85ページ）の図は、それぞれ坑道の番号および形状、各部署の配置図などが異なっていた。

聞き取り調査をもとに司令部周辺の地表の測量を行った。しかし、肝心の地下部の坑道の実測調査・測量を行わずに「軍司令部壕附近実測図（１０００分の１）」を作成した（図15）。理由としては「琉大女子寮（当時）裏の縦壕を開発して上部と下部に壕内（第5坑道を指す）を調査することを希〔ママ〕んでいたが予想より深く」掘削できなかった。「城西小学校側からも試掘を試みたが、落盤のため調査をあきらめた」からであった。

軍司令部壕附近実測図には、「司令部壕坑道図は記憶図により推定して記入してある」と明記している。報告書では「計画に基づき調査いたしました結果、開発可能であることが解明されましたので」（1ページ）と結論づけたが、沖縄観光開発事業団は公開については、予算面から断念した。

この報告書の問題点を列挙する。

1．実測は地表のみで、坑道の実測調査・測量を行わずに「軍司令部壕附近実測図（1000分の1）」を作成した点である。「司令部壕坑道図は記憶図により推定して記入してある」と明記しているが、その信頼度は低く、結果として不正確な「実測図」（?）となった。

2．第1坑口と第3坑口の名前が入れ替わり、位置が違っている。特に問題なのは、第1坑口は、園比屋武御嶽裏にある二つの掩蔽壕を司令部壕の入り口として描き、誤解を広げることとなった。

3．「第4・第5坑口」と表している坑道は、口絵図A（第32軍首里司令部壕平面図と航空写真）では、第4坑道・第4坑口である。45年5月には第4坑道に県庁首脳部用の枝坑を増設し、この枝坑を一つと数えている。

4．「第6坑道」と表記されている県立芸大金城キャンパス坑口は、「第5坑口・第5坑道」になっている（口絵図A参照）。

5．調査が行われた68年は、戦後23年を経ていたが、多くの司令部壕関係者が生存されていた。体験者・関係者の間で各部署の配置など食い違う証言を突き合わせることなく、調査を終えた。現時点で考えると、この時点で証言の突き合わせをして、坑道内部の配置や役割、司令部壕の様々な機能、そして司令部壕にかかわった人々の思いなどを記録していれば、より司令部壕の実態が明らかになったと考える。

この不正確な「軍司令部壕附近実測図」は、最近まで新聞の記事などにも引用されて誤解を広げた。首里司令部壕にかかわる証言については、坑口および坑道の番号だけでなく、周囲の状況を含めて、注意をして聞き取る必要がある。

③1993〜1997年、沖縄県

そして三回目は、1993年度から94年度に沖縄県が本腰を入れて行った試掘調査と、97年の「公開基本計画」である。調査は94年1月から95年3月まで、三回に分けて行われている。

2020年末に開示請求で入手した報告書は、94年4月、95年1月、同年3月付で三冊あり、県に提出された。

2 沖縄県が新検討委員会を設置

2021年1月22日、玉城デニー県政は、第32軍司令部壕保存・公開検討委員会（玉城辰彦委員長）を発足させた。2月5日には、沖縄県のホームページ→教育・文化・交流→平和→第32軍司令部壕事業と検索すると、検討委員会に配布された貴重な司令部壕内部の写真を含む93年来の県の調査の資料を、誰でも見ることができるようになった。第2回の検討委員会は、3月29日に開かれた。さらに第5坑道は1月22

日、第2・3坑道は3月17日、26日に検討委員会のメンバーによる視察が行われた。5月11日には、沖縄陸軍病院南風原壕群及び旧海軍司令部壕の視察が行われた。

第3回の検討委員会は7月20日に開催されている。

私も検討委員会の議論に期待をしているひとりであるが、第3回会合での各委員の注目する発言を紹介したい。沖縄県の議事概要から引用する。

◆**宮良吉雄委員**（地域振興・首里自治会長連絡協議会）をはじめ複数の委員が「知りたいのは中枢部がどうなっているか。そこの調査が進まないと判断できない」

◆**永井義人委員**（情報技術・沖縄ＩＴイノベーション戦略センター専務理事）「過去の例のように予算がとれずに調査が止まると、また同じような調査が必要となる。そのような事態は避けるためにロードマップのようなものが必要」

◆**佐々木靖人委員**（応用地質学・国立研究開発法人土木研究所理事）「公開イメージについてアイデアを委員会の中で複数出して、そのためにどういう調査が必要か考える方が効率的だと思う。例えば既存の坑道の土砂を除去して補修して、第1坑道までアプローチして公開するとか、既存の坑道を補修するのが難しければ、新しいトンネルを掘って第1坑道にアプローチするとか、一部分だけ坑道を公開するという方法もある。公開イメージが複数あり、それをみんなで共有した中で、今後どういう調査をやっていくかを議論することはできる」

◆**伊東孝委員**（地盤工学・琉球大学工学部教授）「未発掘区間をしっかり把握するために、……電気探査とか地中レーダー探査はどこも傷つけないため、詳細調査の中でもこれを第一優先で首里城が休みのときに実施すれば、中の状態は大体分かるのではないかと思う。深いところだと表面波探査は難しいかもしれないが、いくつかの探査を組み合わせ、第1坑道はまだ空洞が残っているのか感触をつかめれば、今後の公開に向けての議論も深まるのではないか」

◆吉浜忍委員（沖縄戦研究・元沖縄国際大学総合文化学部教授）をはじめ多くの委員が「保存・公開までのスケジュール、ロードマップを示してもらわないと何のための委員会かわからない。年度ごとに何をやり、保存・公開はいつなのか、先が見える具体性を示してほしい」

専門的な知見をもった委員の方々の指摘した通り、公開イメージ案やロードマップなどが先に示されていれば、より議論がかみ合ってきたのではないかと思う。さらに地中レーダー（地表面下数メートル）、電気探査・比抵抗二次元探査地下（200~300メートル）を組み合わせ、司令部壕周辺の空洞検査を行えば、すぐにでも第1及び第4坑道の場所は確認できると思う。このような最新検査はもったいぶらずに、検討委員会に諮り、すぐに実施すればよいと思う。地表面からの調査で大がかりな機材もいらないので、経費も少なくて済むのではないか。

司令部壕を戦跡として、保存公開、活用するためには、まず司令部壕の機能や仕組み、その中いた兵士、将官、女性を含む民間人などの生活がわからなければ、「土と岩の地下トンネル」になってしまう。これまでの試掘調査では、遺品回収以外は、実証的な戦跡考古学的な調査はほとんど手がついておらず、結果として76年間も放置されてきた状態である。司令部壕について多くの証言者が語られてきたことなどと突き合せた、実証的な研究が必要になる。

沖縄戦体験者と司令部壕について共有する最後のチャンスなのではないかと思う。

（追記：２０２３年3月、検討委員会は提言書をまとめ、玉城知事に提出した。「第32軍司令部壕事業／沖縄県」で検索すると、提言書全文と検討委員会の議事概要と資料を読むことができる。）

３保存・公開に向けての司令部壕調査の課題

現時点での司令部壕の調査についての課題を、私なりに整理してみる。

①平面図としては、第1、3、5坑口の大まかな位置と坑道の測量地図ができている。

②断面図（標高）については、不明な点が多い。

③各部署の配置がはっきりしない。例えば司令官室の場所は時期によって変化しており、写真39（１０２ページ）は三方向が壁になっているのに、坑道にあるように書かれている。

④ShaftA周辺の地上の地形が琉球大学工事で大きく変化し、ShaftAの地上部分の位置は、琉球大学提供の資料で明らかになったが、調査は必要である。また、第1坑道から地上の換気口があった岩までの高さ（標高）が合わない。これは第1坑道の調査が進めば明確になる。

⑤司令部の主要な機能がある第1坑道ShaftA周辺の地下部分は、76年間未調査である。

⑥第1坑道「患者収容室」（口絵C　第32軍首里司令部壕配置図参照）の遺骨収集が行われていない。

⑦１９４５年米軍資料の再調査。米軍情報報告書に掲載されていない写真や基になった資料の再調査。

⑧司令部壕を戦跡として、保存・公開・活用するためには、坑道内部の配置や役割と変化、その中いた兵士、将官、女性を含む民間人の証言の集約と司令部壕関連周辺の調査などが必要とされるだろう。

⑨司令部壕を調査・設計した第2野戦築城隊（駒場少佐）に関する資料がほとんど発見されていない。司令部壕建設に動員された首里の住民や学徒隊の方々の証言は記録されているが、地質調査、設計、指揮・工事監督をした野戦築城隊の記録が残っていない。巨大な第32軍の首里司令部壕は、誰が設計・建築したのであろうか。次節で今わかる範囲で紹介する。

これまで、沖縄戦について様々な角度からその実態と真実を伝える努力がされてきた。沖縄戦の体験者や研究者の業績から多くを学んできた。しかし、こと司令部壕に限って言えば、沖縄県埋蔵文化センターなどの調査があるものの、いまだにわからないことだらけである。その原因のひとつは、公開案と調査断念を繰り返し、地質学やトンネル工学的な調査だけでなく、司令部壕の機能など歴史学・戦跡考古学など文化的な調査までが中断されてきたのではないか。沖縄戦の悲劇を作り出した原点・首里司令部壕にスポットを当てた研究が少ないのではないかと思う。

4　第2野戦築城隊──誰が司令部壕を造ったか

沖縄戦に限らず軍隊は戦闘のための陣地構築、橋や道路の建設ならびに破壊、兵士や兵器を守るためのシェルター・掩蔽壕《えんぺいごう》などの工事を行う目的で、工兵隊という組織をもっている。いわば土木技術者の集団である。欧米の軍隊では直接戦闘に加わることはないが、日本軍は追い込まれると銃を持たされて最前線に送られた。

この首里司令部壕の構築について、第32軍高級参謀八原氏は次のようにあっさり書いている。
《この洞窟軍司令部は、野戦築城隊長駒場少佐と櫨山、薬丸両参謀が協議立案した。総延長約一千メートル深さ十五メートルないし三十五メートルで、一トン爆弾や戦艦の主砲弾に直撃されても大丈夫との自信があった。主として野戦築城隊が作業に任じたが、沖縄師範の生徒や多数の首里市民がこれに協力した。》
(『沖縄決戦』84ページ)

この第2野戦築城隊とはどのような部隊なのか。同部隊は1944年7月に岡山県で編成され、8月4日に第32軍に編入された。8月10日岡山を出発、22日門司港を出港し、9月1日に那覇港に到着した。同月3日より、主に津嘉山司令部壕と南風原陸軍病院壕の作業に着手している。津嘉山司令部が未完成のまま、12月9日から首里司令部壕の作業に従事した。

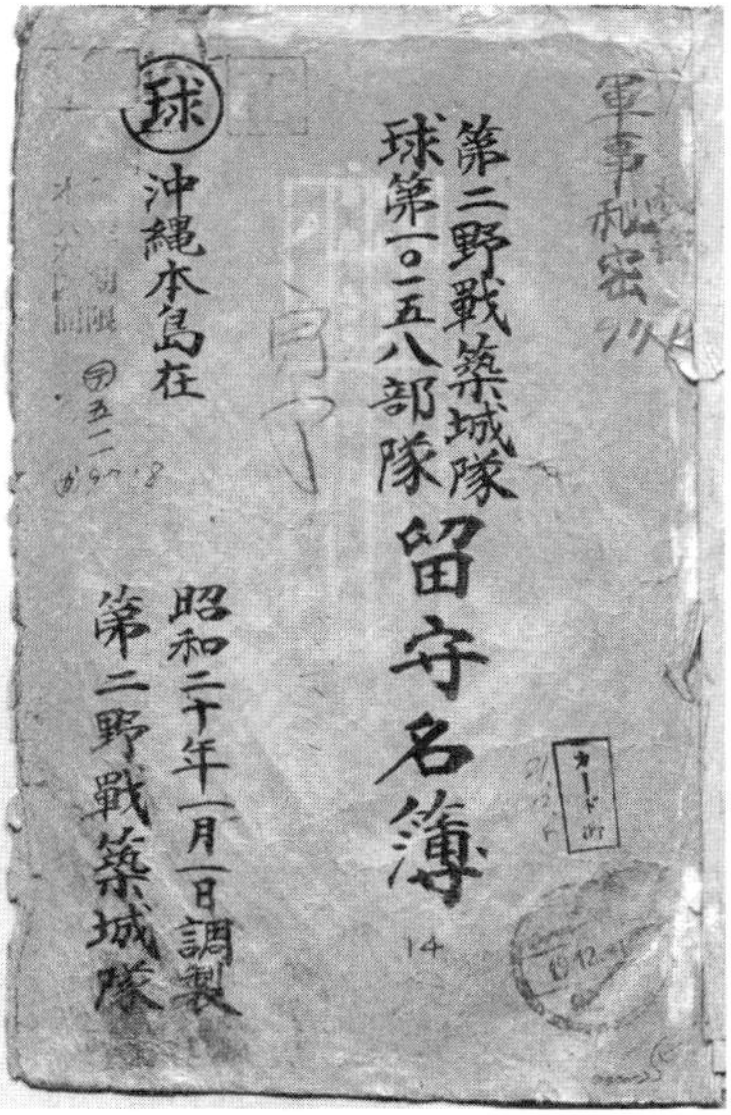

写真52　第2野戦築城隊球第1058部隊留守名簿の表紙

国立公文書館所蔵の「第32軍第二野戦築城隊・球10158部隊留守名簿」は2冊あり、「南方」(写真51)と「沖縄」に分かれている。「南方」名簿は昭和二十年一月一日調整で、最終の作業日は1948(昭和二十三)年三月十五日と記されている。部隊に入る前の前歴は「岡山」183人、「神戸」161人、「鳥取」25人、「大阪」3人、光州兵事部1人、「陸地測量部」5人(本籍は北海道、秋田、福井、神奈川、福岡）と工兵隊第54連隊補充隊４人と鉄血勤皇師範隊（野田貞雄校長と学徒）７人で、合計３８９人であった。「沖縄」名簿には、昭和四十六年一月一日調整とあり、沖縄で現地召集された１８７人が記載されていた。「南方」名簿から鉄血勤皇隊の７人を除く、３８２人の内、復員は69人、戦死者は３１３人で戦死率は82パーセントであった。「沖縄」名簿に鉄血勤皇隊７名を加えた１９４人の内、復員は20人、戦死は１７４人で戦死率は89・７パーセントで、現地召集の沖縄県の戦死率は高かった。

現在の国土地理院の前身である「陸軍測量部」から陸軍技手が５人、工兵隊第54連隊からは３人が編入している。工兵隊第54連隊は１９４３年３月兵庫、岡山、鳥取三県の出身者で、岡山で編成され、泰緬鉄道の建設作業に従事した部隊である。その他は、ほとんどが工兵隊出身の予備役で、一度除隊して、第２野戦築城隊に応召した方がほとんどである。平均年齢は33・２歳である。一方、「沖縄」名簿（鉄血勤皇隊含む）の平均年齢は、21・７歳であった。

戦死者が圧倒的に多いのは、６月20日から22日までの３日間であった。実に１５４人で沖縄戦での戦死者の33パーセントに上った。

首里司令部壕は、米軍の一トン爆弾や戦艦の主砲弾からの直撃にも耐えることができるように、固い琉球石灰岩の地層を天井にして、その下の比較的柔らかい島尻泥岩層に、坑道を掘っている。この司令部壕の構造を見ると、当時のトンネル技術を用いて、合理的にできているといっても良い。この点からも地質調査、設計など綿密な計画が必要であり、トンネル工事などの技術者集団である可能性が高い。どのような技術を持った、どのような人々であったのか。調査が必要である。

5 体感できる公開展示の提案―その場に立って感じる・考える

①1945年5月初旬―撤退前の復元（レプリカ）

城西小学校東側の第1坑口跡から第1坑道に向けて掘るのはどうだろうか。第1坑口は、1962年に那覇市が歓会門《かんかいもん》の地下付近まで掘ったものの、落盤のため埋め戻した経緯は前述した。改めて第1坑口を掘り、いまだに未調査の第1坑道につなげ、調査後は当時と同じ造りにして体験的な見学コースとする。

一度掘ってしまったことで埋蔵文化財としての価値はなくなっている。第1坑口付近は、首里城の城壁も見え、また首里城を見学し終わった人たちが、すぐに地下司令部壕の見学ができる点で、「地上と地下の一体化」した見学が可能になる。

②1945年5月末―撤退直後の状態をそのまま見せる

1997年に沖縄県平和推進課の立会いで入坑した時の坑道内の様子は、Ⅲ章で述べた。その時の私の率直な感想は、まだ沖縄戦と司令部壕について十分な知識がない状態だったこともあり、きれいに片づけられていて、よくわからなかった。米軍撮影の司令官室や第1坑道の写真とのあまりの違いに、司令部壕の実感はわかなかった。沖縄戦から52年が経過していて、当時の喧騒を想像するにはあまりに静かで整えられていた。

第3坑道内部を撮影した二枚の写真を提示する。一枚目（写真53）は、1945年米軍撮影で第2坑道との交差点から第3坑道を西側に向かって見ている。日本軍が撤退した後、爆破の影響か天井や壁に貼られていたものが剥がれ落ちている。この付近は、直接爆破されてないので、松の丸太の坑木（支保工）は損傷がない。

二枚目（写真54）は同じ場所を反対に、西から東に撮影している。この写真は97年に私が入坑した際に撮影したものである。試掘調査で天井や壁から剥がれ落ちたものはきれいに片づけられ、鋼材の支保工が

FIGURE 19
General Ushijima's quarters Point #1 looking at Point #1 taken from Point #2.

写真53　牛島司令官の部屋。第２坑道との交差点から第３坑道の西側に向かって撮影（米軍情報報告書フィギュア19　米国公文書館所蔵）

写真54　写真53と同じ区間を反対の西から東に撮影。この写真は1997年に著者が入坑時に撮影

等間隔に建てられていて、崩落を防いでいる。左下に積みあがっている土砂は、崩落によるものではなく、奥から掘り出されたものを仮置きしている状態だった。

将来、司令部壕の内部が公開された場合、どちらが沖縄戦当時の様子を想像し、何が起きていたかを考える展示になるだろうか。学習効果は写真53の方があるだろう。

もちろん安全面を十分に確保した上での話であるが、内部に立ち入ることは難しくても、こうした状態をガラス越しに覗くエリアも見学コースに組み入れることもできるのではないか。

FIGURE 26
Intelligence section Thirty Second Army and operations section 24th Division. Points #17 and #18.

写真55　崩落していなければ、1945年司令部撤退直後のままの状態で見られる場所。このまま保存するのはどうか。第1坑道から左（東側）にループ状に分岐して、また第1坑道に戻る作りになっている（米軍情報報告書［フィギュア26　第32軍情報室と第24師団作戦室］米国公文書館所蔵）

司令部中枢は、坑道が複雑に複線化している。この第3坑道はすでに工事済みであるから無理ではあるが、未調査区間では、一部の坑道を撤退直後の状態のまま見ることができるエリアとして保存することも良い展示の方法だと考える。

具体的な候補としては、第32軍情報室と第24師団作戦室とされていて、第1坑道から左（東側）にループ状に分岐して、また第1坑道に戻ってくる作りになっている場所がある（写真55）。もし、このような形で残存しているのであれば、復元した第1坑道から覗くようにそのままの状態で展示する。その場所でなければ見られない現場としての価値は十分にあると思う。

きれいに整理された坑道と別の展示ケースに入れられた遺品を見せられるよりも、文化財としての調査をした上で元に戻し、撤退直後の坑道の状態を実物展示するのはどうだろうか。

さらに、日本軍の第62師団の工兵隊が撤退に坑口・坑道、換気口を爆破した。それによって坑道が崩落した。崩落したままの坑道をガラス越しにそのまま展示することも一つの選択肢として加えたらどうだろう。

③遺品の一部はガラス越しでその場所で実物展示

従来の戦争展や記念館での展示は、ガラスケースやアクリルの箱の中での展示と説明板、写真などを組み合わせてのものが多かった。遺品の一部を坑道の一部にその場での実物展示をする方法もあるのではないかと思う。

97年8月に第5坑道に入坑した際、床面の上に約20センチ土砂が堆積して、その中に様々な遺品が埋もれていたとの説明を受けた。94年当時はこの方法で良かったのだろう。試掘報告書では、遺品の種類とあった場所の「遺品出土箇所位置平面図」も提出されている。

私は1990年代に、米軍が上陸した読谷海岸近くにあるチビチリガマに、平和ガイドの方と入ったことがあった。その時は、まだガマ内部の立ち入りが許されていた。その衝撃は忘れられない。生活道具や「自決」のために使った道具、遺骨までそのままの状態で残っていた。その惨状は今でも目に焼き付いている。

司令部壕では、遺骨収集は行った上で、埋蔵文化財の調査と実物展示の両立ができるような工夫を、公開を前提に司令部壕で試みてはどうだろうか。

④文化財などの調査の過程を見せる

埋蔵文化財の発掘調査で、一般見学者のスペースを設けて発掘過程を見せる方法が採られている場合がある。これは市民の関心を高めるうえでとても有効だと思う。地上の遺跡などの場合は比較的容易であるが、司令部壕は地下の埋蔵物なので、どうすればいいのか。

これから埋蔵文化財としての調査と公開のための工事をすると、公開まで何年かかるかわからない。もしかすると10年以上かかるかもしれない。それでは人々の興味や熱意も覚めてしまうかもしれない。そこは、地上の首里城の復興過程を展示する方法から学んではどうだろうか。

あらかじめ一部ガラス張りの四角い箱を坑道の近くの地下に埋める。その箱には地上からのアプローチや坑道に調査のために入る扉などを取りつけておく。はじめは調査過程を見学し、調査が終われば、そのまま見学コースの一部と展示室になる。

地上からの電気探査によって、どこに坑道や換気口があるかの大体の位置が特定できる。調査の段取りと公開プランも論議を開始できるのではないだろうか。完成してからの一般公開でなく、部分公開であれば、２０２６年の復興首里城の公開と同時にオープンできるかもしれない。

素人ながら、部分公開と調査過程の見学を同時に行う案を考えてみた。もっと良い方法もあると思う。

専門家で構成されている沖縄県の検討委員会を中心に、広く市民からの提案を募ってはどうだろうか。97年の公開基本計画を超える公開展示案を期待したい。今だからできる最新技術を駆使した調査・展示もあると思う。埋もれたままでは何もはじまらない。すぐにでも調査をはじめ調査結果を公表することで、市民の意識をも掘り起こすことになるのではないだろうか。

6 保存・公開・活用の意義——沖縄戦の過ちを学ぶ場として

今さら、何で76年間も埋もれ、崩落しつつある司令部壕を掘りだす必要があるのか？

今、生存している私たちのほとんどは沖縄戦当時、子どもであったか戦後生まれで、76年前の戦争の当事者ではない。しかし、戦争の歴史に戦後の日本社会がどう向き合ってきたのかという点では、私たち自身も当事者である。国内で最大で最後の地上戦であった沖縄戦に向き合うためにも司令部壕が埋もれたままでよいのだろうか。沖縄戦の無残な事実を物理的にも意識面でも掘り起こし、後世に伝える責任は、私も含む今を生きる日本の人々にあると思う。

第32軍首里司令部壕は、その規模から長野県にある松代《まつしろ》大本営、神奈川県日吉にある海軍連合艦隊司令部地下壕、沖縄県津嘉山《つかざん》司令部壕に次ぐ四番目の地下司令部壕である（図16）。その規模からは四番目とはいえ、実戦に使用し、国内最大で最後の地上戦を指揮した司令部壕という観点からは、戦争遺跡の中でも重要なものであり、戦争と平和を学ぶ重要な場、施設となるものだと考える。

全国の司令部壕跡（坑道の長い順）				
名称と公開等状況	坑道全長	機能	備考	使用
松代大本営 （長野県長野市） 保存・公開（一部）	約10,000m	大本営 天皇住居 政府機関、 日本放送協会、 中央電話局他	1944年11月 象山、舞鶴山、 皆神山	未使用
日吉台海軍司令部 地下壕 （神奈川県横浜市） 保存・公開（一部）	約2,600m	連合艦隊司令部、 海軍省人事局・ 航空本部他	1944年6月 以降工事開始	使用
津嘉山司令部壕 （沖縄県南風原町） 調査（一部）・未公開	約2,000m	第32軍司令部壕	1944月9月 工事開始	経理部他と して沖縄戦 で使用
首里司令部壕 （沖縄県那覇市） 調査（一部）・未公開	約1,050m	第32軍司令部壕	1944月12月 工事開始	沖縄戦で 使用

図16　全国の主な司令部壕跡

神奈川県川崎市にある明治大学生田《いくた》キャンパスの敷地内には、戦跡そのものを学習・展示の場にしている同大学平和教育登戸研究所資料館がある。戦時中は生物化学兵器（毒ガス）、細菌兵器、電波兵器、風船爆弾、中国紙幣のニセ札づくりなど、近代戦の一つの側面、通常兵器でない「秘密戦争兵器」の開発をしていた登戸《のぼりと》（第九陸軍技術）研究所の一部が施設ごと戦跡とし保存され、展示されている。

琉球新報「32軍壕を読み解く〈2〉―米軍報告書から」は、明治大学の山田朗教授（日本近現代史）の提案を紹介している。

《「戦後、だいたい司令部があった場所は破壊されたりして、実態を示す史料を残さない」と指摘した上で、司令部壕保存・公開の意義について「国内最大の戦闘を指揮していた場所を今日の目から見直すのはすごく大事なこと」と話す。山田教授は、若い世代への戦争の継承の課題を「戦争と自分が切り離されてしまう。過去にあったのを知っているが自分の問題として考えられない」と感じている。授業で「この場所で戦争の研究が行われ、中国で捕虜の人体実験もしていた、と（学生が）聞くと、教科書の中の出来事でなくなり、自分も歴史の流れの中にいるのだ、ということに気がつくことができる」と手応えを話す。一方、沖縄では「数ある南部戦跡はあっても司令部の在り方と結びつけて語られていない」とし、「司令部壕がきちんと保存・活用されると、沖縄戦の全体像がより伝わりやすくなるのではないか」と提案する。》（2021年3月18日）

1997年の沖縄県「公開基本計画」は、第32軍司令部壕保存・公開の意義を次のように記している。《第32軍壕は沖縄戦の実相を後世に正しく継承する「歴史の語り部」として重要な戦跡であり、今日までの沖縄の運命を決定づけたともいえる歴史的価値のある遺産である。

1. 沖縄戦の実相を伝える歴史的遺産（語りべ）である
2. 戦争の対極にある文化と平和が明確に認識できる場である
3, 今日の沖縄を決定づけた歴史的戦跡である

これらの歴史的価値を踏まえ、第32軍壕に象徴される沖縄戦の悲惨な体験と教訓を風化させることなく、後世に正しく継承するとともに、沖縄県民の共生と協調の精神である「沖縄の心」をはぐくみ、世界の恒久平和を沖縄から発信することにある。

そのため、第32軍壕を平和の発信地沖縄の「平和の礎《いしじ》」「県立平和祈念資料館」等と一体となった平和教育・学習の場の一つの拠点として位置づけ、保存・公開する。》（要約）

この「公開基本計画」の理念は、24年たった今もそのまま生かすことができると思う。さらに今だか

らこそできる調査・展示の工夫もできると思う。

日本は明治維新以降、「富国強兵」をスローガンに欧米列強に追いつこうと、朝鮮半島、中国大陸、東南アジアへと資源と覇権を求め侵略戦争を繰り返した。そうした戦争の結末として迎えるのが、国内で最大で最後の地上戦、沖縄戦であった。日本の人々が普通に生活を営む場が戦場となり、沖縄県の住民は目の前で日本軍と外国軍の戦闘の真っただ中に放り込まれ、非武装の住民が初めて目撃する戦争であった。他の都道府県の住民にはない戦争体験であった。それは、軍隊とは何か、国民と軍隊との関係を歴史的な事実をもって示したものであった。

76年前、沖縄の住民が身をもって紡ぎ出した教訓「軍隊は住民を守らない」は、日本の私たちだけでなく、東アジアの未来の平和を築くための大切なメッセージとなるであろう。日本がかつての戦争、自国内での地上戦で起きたことをどうとらえているかを、東アジアの人たちに発信することも、未来のアジア諸国との平和と共存につながると考える。

そして、首里司令部壕を過去の戦争と過ちを具体的に学ぶ場として整備することは、世界に通じる歴史認識と人権意識を獲得するための私たちの責務だと考える。

私の祖父である第32軍牛島満司令官は首里の司令部壕で降伏せず、無謀な本島南部に撤退する作戦を選んだ。この結果、日本軍、米軍、住民の三者が混在する戦場が発生し、多くの住民が戦闘に巻き込まれ、犠牲者は大幅に膨らんだ。極限状態に陥った兵士が壕から住民を追い出したり、殺害したりすることも起きた。沖縄戦で語り継がれる悲劇が南部撤退によって凝縮して発生した。

多くの沖縄県民や第32軍兵士の犠牲と悲劇をもたらした最大の原因は、牛島司令官が決裁した「南部撤退」と「最後まで敢闘し」の二つの命令にある。特に「南部撤退」の作戦命令を起案、論議、決済した場所が首里の司令部壕である。地下に埋もれたまま、現在のように「保存」だけされていたのでは意味はない。調査、公開・活用されて初めて戦争遺跡としての価値をもつ。

その第32軍司令部壕の全容解明のためには、首里の地下に埋もれている坑道跡と、米国の公文書館の棚にある史料の調査が不可欠である。

沖縄を修学旅行で訪れる関東地方の高校などで、事前指導で沖縄戦の話をする機会がある。米軍が作成した1946年3月に日本本土に上陸するコロネット作戦の地図を提示する。「1945年8月15日、もし天皇がポツダム宣言受諾のラジオ放送をしなかったら、沖縄戦で4人に1人が亡くなったのと同じ戦争がこの関東の地でも起き、ここにいる何割かの人はこの世に存在しなかったかもしれない」と話す。自分の通う学校の位置が記された地図の画面を見ていた生徒たちは、しっかりとうなずく。遠い旅行先の過去の沖縄戦が急に身近な出来事として生徒がとらえた瞬間である。

近い将来、再建された首里城を見学し終わった生徒たちが、沖縄戦当時と同じように作られた第1坑口から地下の学習施設に入る。そのような沖縄戦について学ぶ場の実現に向けて協力したいと思っている。

◇米軍情報報告書『Intelligence Monograph』（1945年）より

◎註1：米軍情報報告書のフィギュア（FIGURE＝図）番号は報告書の数字を使用。そのあとは本書掲載写真・図の数字。ページは本書の掲載ページ。例「フィギュア9（写真31・96ページ）」は、米軍情報報告書の図9番、本書掲載写真（図）番号31、本書の96ページ掲載となる。
◎註2：＃がついた数字は、第32軍司令部壕の平面図・フィギュア7（図18）、断面図・フィギュア8（図19）の場所を示す数字。例「＃32」は、司令部壕の第5坑口近くの炊事場を示す。

第32軍司令部　首里城

沖縄での軍事作戦が始まる前から、第32軍司令部は首里城か、その周辺にあることはわかっていた。荘厳なる城は、小さな首里町の最南端に位置し、豆のような形状をした隆線に沿って建っていた。かつての琉球王国の王達の居城だった。巨木や古い建物が密集しており、現在は日本の皇室の所有物として、また、歴史的聖地として尊ばれ、保存されている。作戦開始後の捕虜への尋問と資料から、首里背部の稜線に精巧な地下トンネルがあり、その中に司令部があることが判明した。

首里の町が、主要防衛圏の要衝であったことを示す証拠は他にもあった。

絶え間ない空爆や第10軍の大砲射撃、海軍艦船の砲撃が、かつての巨大な要塞を識別不能なゴミの塊に変えてしまった（破壊されていく首里城の航空写真は、フィギュア2、3、4、5、6を参照［未掲載］）。街の残りの部分も同様に被害を受け、現在は記念碑としてのみ残っている。

5月29日、第1海兵師団の部隊が首里城（castle ridge）を占領、その後すぐにG—2第10軍の派遣部隊が司令部壕の場所を見つけるために現地に到着した。それから数週間、複数の壕の入り口を開けるために捕虜が動員されたが、壕内部からの爆破と凄まじい外部の砲撃で、城の北側にあった複数の入口は完全に閉鎖されてしまっていた。

首里の街と司令部壕の見取り図は、フィギュア1（図17・１４９ページ）を参照のこと。爆破された出入り口を開けようと何回も試行錯誤した後ようやく、換気口が一本見つかった。平面図＝フィギュア7（図18・１５０ページ）、断面図＝フィギュア8（図19・１５２ページ）に「A」として記載した。

シャフト〝A〟の写真は、フィギュア9（写真31・96ページ）、10（写真32・98ページ）、11（写真33・98ページ）、12（写真35・１００ページ）、13（未掲載）、14（写真47・１１５ページ）を参照のこと。

シャフトの側面図はフィギュア15（図13・97ページ）を参照。

その後、第3坑口が開かれ、牛島将軍の部屋と執務室が発掘された。第3坑口と牛島将軍の部屋の写真は、フィギュア16（写真36・100ページ）、17（未掲載）、18（写真37・101ページ）、19（写真38・101ページ）を参照のこと。

将校たちの部屋と坑道の写真は、フィギュア20（未掲載）、21（写真56・154ページ）、22（写真57・154ページ）、23（写真58・155ページ）、24（写真59・155ページ）を参照。

第32軍と第24師団司令部の部屋と垂直換気口〝A〟付近坑道の写真は、フィギュア25（写真60・156ページ）、26（写真55・137ページ）、27（写真61・156ページ）、28（写真34・99ページ）、29（写真62・157ページ）を参照。

主坑道側の写真（写真63・157ページ）は、フィギュア7（図18・150ページ）、8（図19・152ページ）の#22に向かい合う#21付近から撮影したもので、坑道の建築方法を示している。床には、すのこ板が敷かれ、藁で覆われている。

第10軍のG－2は作戦中多くの公文書を入手していたものの、当時の日本側のセキュリティ体制は総じてとても高かった。

しかし明らかに、首里司令部壕内の文書廃棄と爆破を担当した部隊は、アメリカ人が絶対に壕に入らないと思い込んでいた。多くの文書が破棄されたものの、復元された重要文書も多い。

フィギュア7（図18）、8（図19）にある#32の炊事場は、第32軍の最重要文書を燃やす場所として計画された。しかし、破壊部隊は文書を燃やさずに埋めた。フィギュア31（写真25・86ページ）は厨房内部の様子である。フィギュア32（図8・87ページ）は厨房の煙突の施工図である。

第32軍情報室のボードの裏から、多数の重要な文書が発見された。発見場所をフィギュア27（写真61・156ページ）に示す。その他の文書は、首里稜線（Shuri ridge）後方の屋外で発見された。第62師団が記録を燃やそうとした場所である。雨と付近への爆撃で地滑りが起きたため、火は消され、書類は埋もれずに残った。

坑道の状態は、撤退を始めた時に司令部がかなり混乱していたことを示しているようだった。写真を見てもわかるように、床にはありとあらゆる物が散乱しており、家具はひっくり返っていた。

捕虜の尋問によると、実際のところは、司令部はかなり秩序立って現場から撤退していた。書類の破棄と全坑道の爆破命令も下していた。

破壊部隊は、書類の破棄については命令を実行に移さなかったが、壕の入り口を爆破することには尽力した。

周辺には他の司令部壕があった。第32軍の主坑道の西175ヤード付近に砲兵隊の坑道があり、東側数百ヤード先には第62師団司令部があった。両方ともフィギュア1（図17・149ページ）の見取り図に示した。

第62師団司令部の平面図と工事の詳細図はフィギュア33（図20・158ページ）に示した。

HEADQUARTERS

JAPANESE THIRTY-SECOND ARMY

FIGURE 1

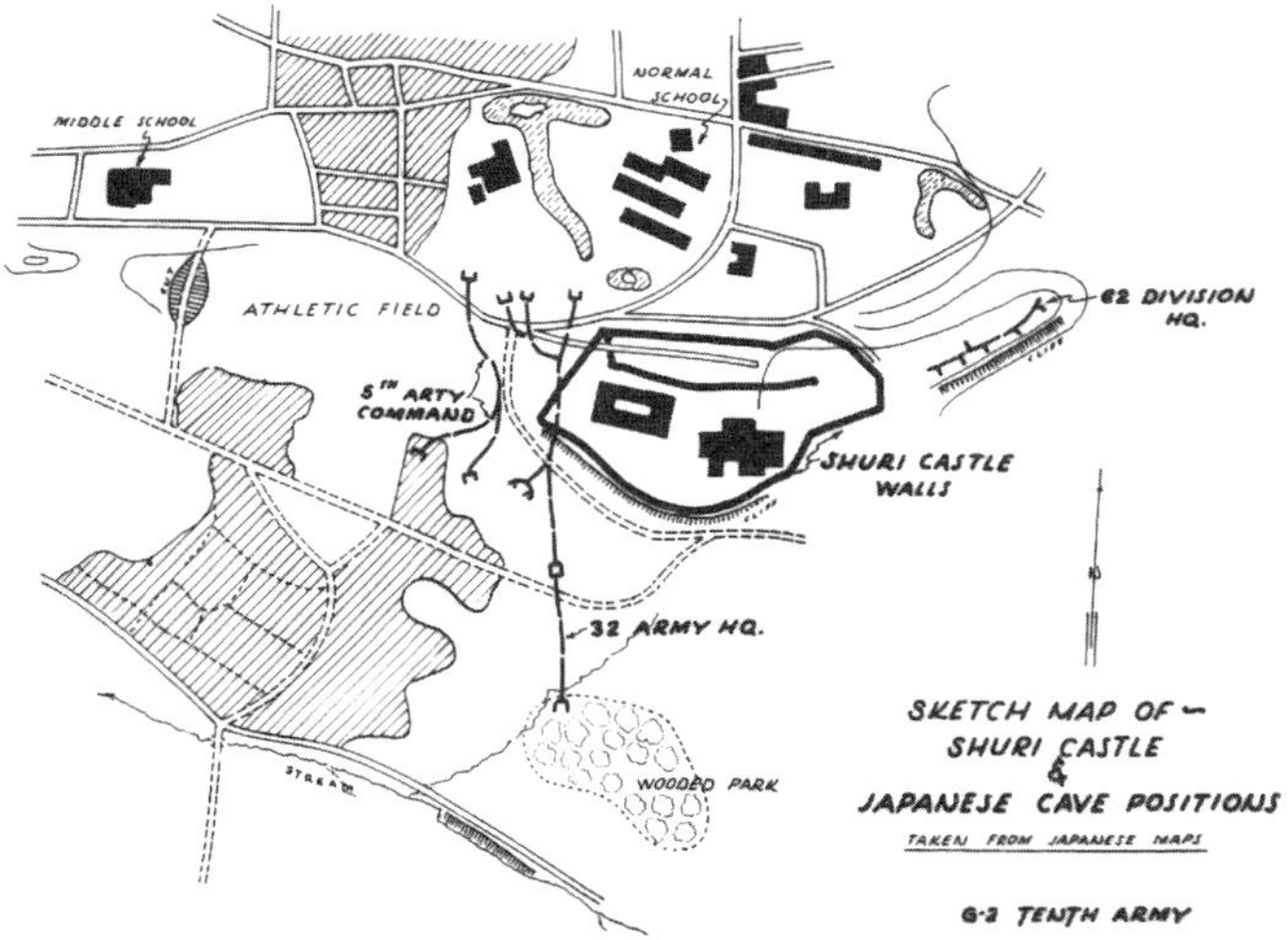

図17　米軍情報報告書［日本陸軍第32軍司令部　フィギュア1　首里城と日本軍地下壕の位置のスケッチマップ］米国公文書館所蔵

Floor Plan of the Japanese 32d Army Headquarters Below Shuri Castle, Okinawa

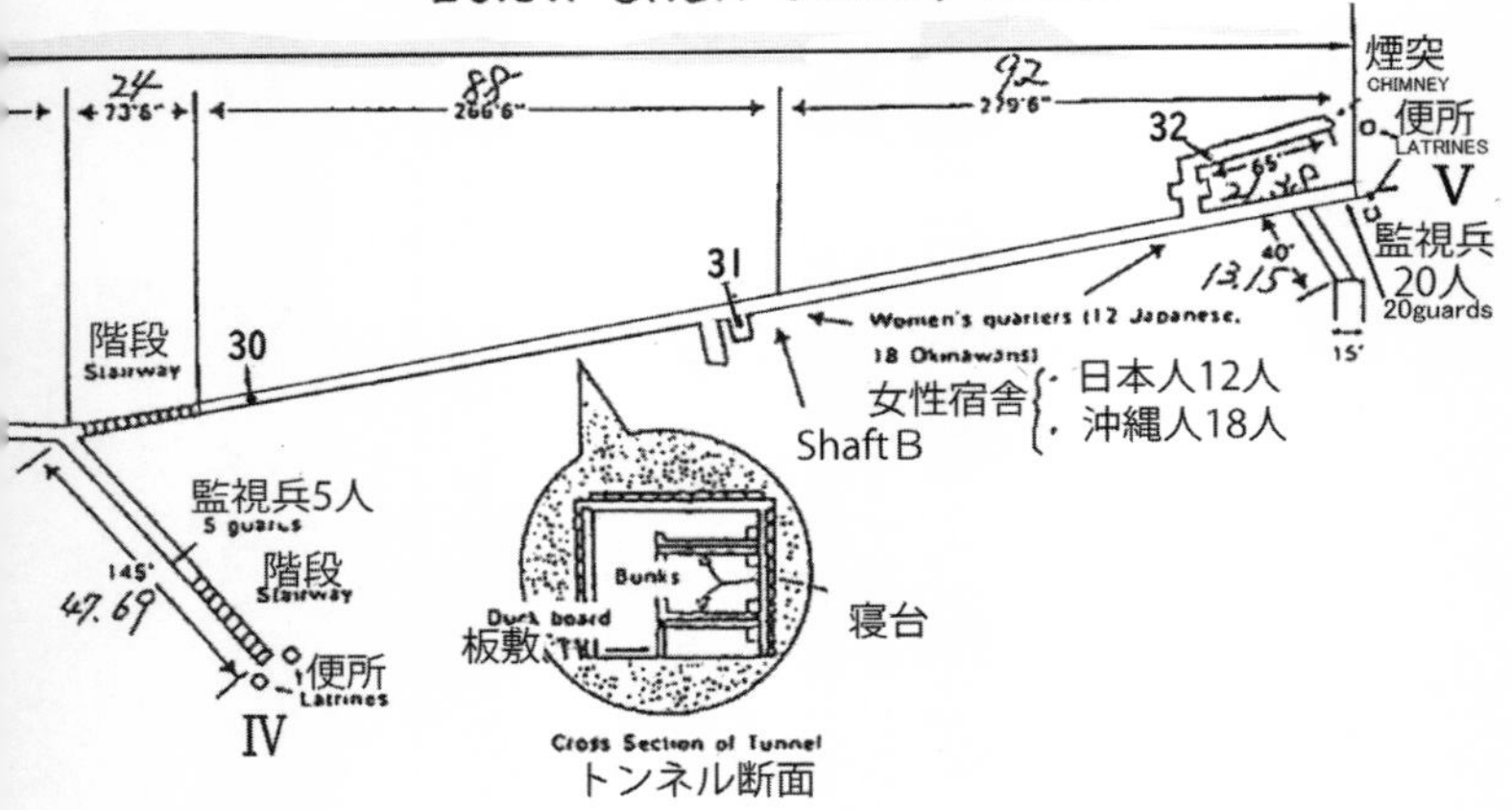

No.	Area/Room Designation
17	32d Army intelligence section 32軍情報課
18	Operations section, 24th Division 24師団作戦室
19	Operations section, 24th Division 24師団作戦室
20	Commanding general's office and quarters, 24th Division 24師団司令官事務室兼宿舎
21	Staff office, 24th Division 24師団参謀室
22	Telegraph section supply room, 32d Army 32軍通信供給室
23	Intelligence section 44th IMB 独立混成44旅団情報課
24	First-aid station 救急所
25	Air intelligence section, 32d Army 32軍航空情報課
26	Dispensary 軍医部
27	Staff officers' quarters 参謀宿舎
28	Construction section 築城隊
29	Medical officers' office 軍医部将校事務所
30	Staff office, 44th IMB 独立混成44旅団参謀室
31	Commanding officer (Rear Admiral Ota) and officers' quarters, Okinawa Naval Base Force, 10—17 May 1945 沖縄方面海軍根拠地隊司令官(大田少将)兼将校宿舎 1945年5月10～17日
32	Kitchen 炊事場
A	Secondary entrances and ventilation shafts 第2の入口、換気用立坑
I—V	Primary entrances 主な坑口

18　米軍情報報告書［フィギュア7　平面図　日本陸軍第32軍司令部　沖縄ー地下の首里城］
米国公文書館所蔵

FIGURE 7
FLOOR PLAN

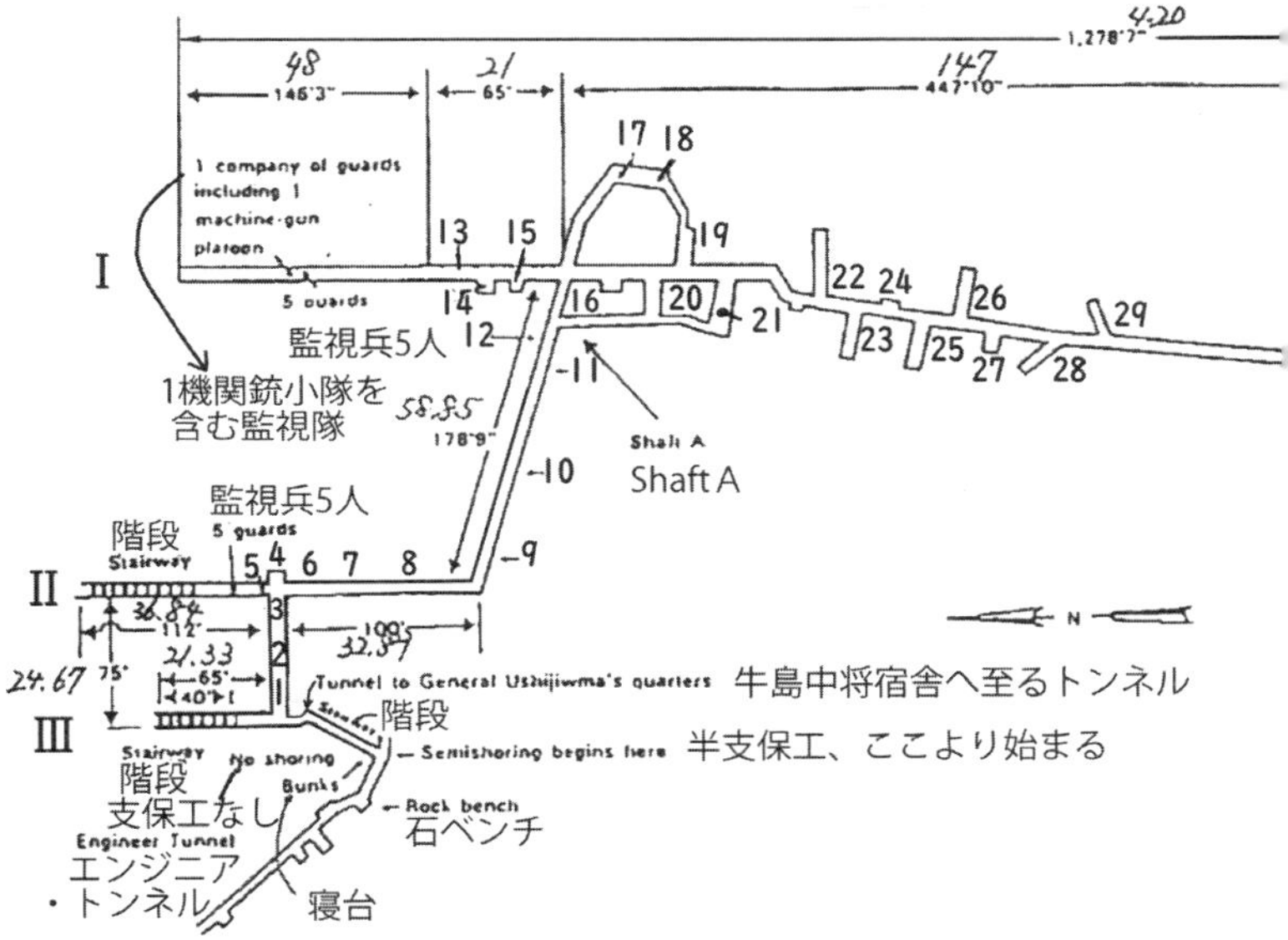

No.	Area/Room Designation
1	Commanding general's office and quarters 司令官事務所兼宿舎
2	Chief of staff's office and quarters 参謀長事務所兼宿舎
3	Staff officers 参謀将校
4	Senior adjutant's office and quarters 高級副官事務所兼宿舎
5	Clerks and messengers 事務員と伝令
6	Operations office 作戦室
7	Formerly commanding general's office and quarters, 44th IMB, later quarters for 10 women typists 前独立混成第44旅団司令官事務所兼宿舎、後に10人の女性タイピストの宿舎
8	Commanding general's pantry 司令官食料倉庫
9	Telegraph section 通信課
10	Weather section 気象課
11	Material and personnel section 兵站・人事課
12	Reconnaissance section 偵察課
13	Signal section 暗号課
14	Telephone and switchboard 電話交換室
15	Officers quarters 将校宿舎
16	Order distributing center 命令下達所

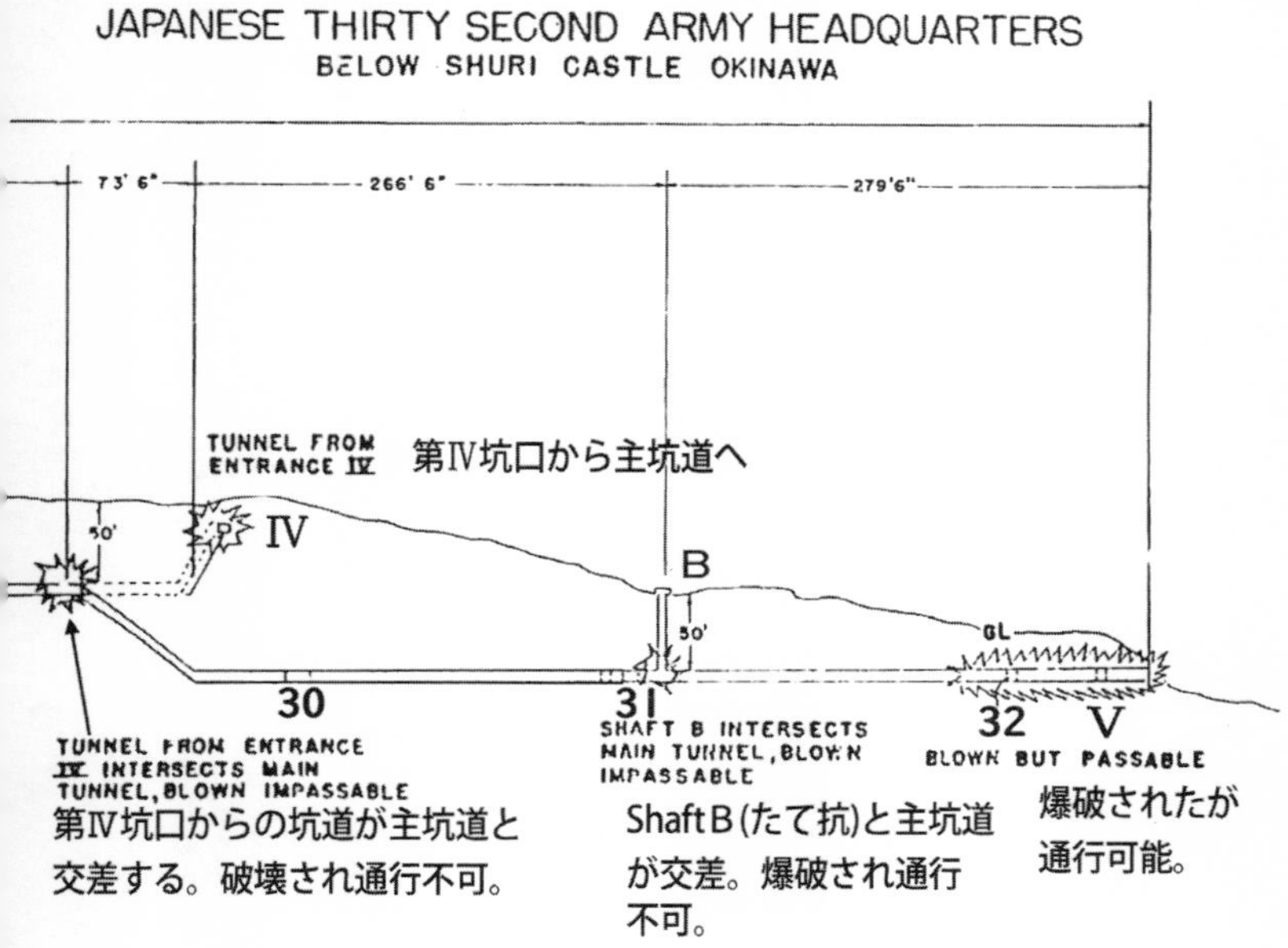

1993年、1994年度の沖縄県の調査と大きく違った点がある。

a.第1坑道と第5坑道が接続する中央にある階段(斜坑)の箇所は直線でなく、北に向かって西に約20°折れ曲がっている。

b.第4坑道は1945年5月に県庁壕の枝坑が増設され、坑口が2つになった。

c.本図の坑道の長さは、地上の測量の結果と数値が合わないがそのまま記載した。

(2)フィギュア8「断面図」について

①坑道は地層に沿って右下に(南側に約3パーセント)傾いて掘られたが、水平に描かれている。

図19　米軍情報報告書［フィギュア8　断面図　日本陸軍第32軍司令部　沖縄ー地下の首里城］米国公文書館所蔵

FIGURE 8
CROSS SECTION

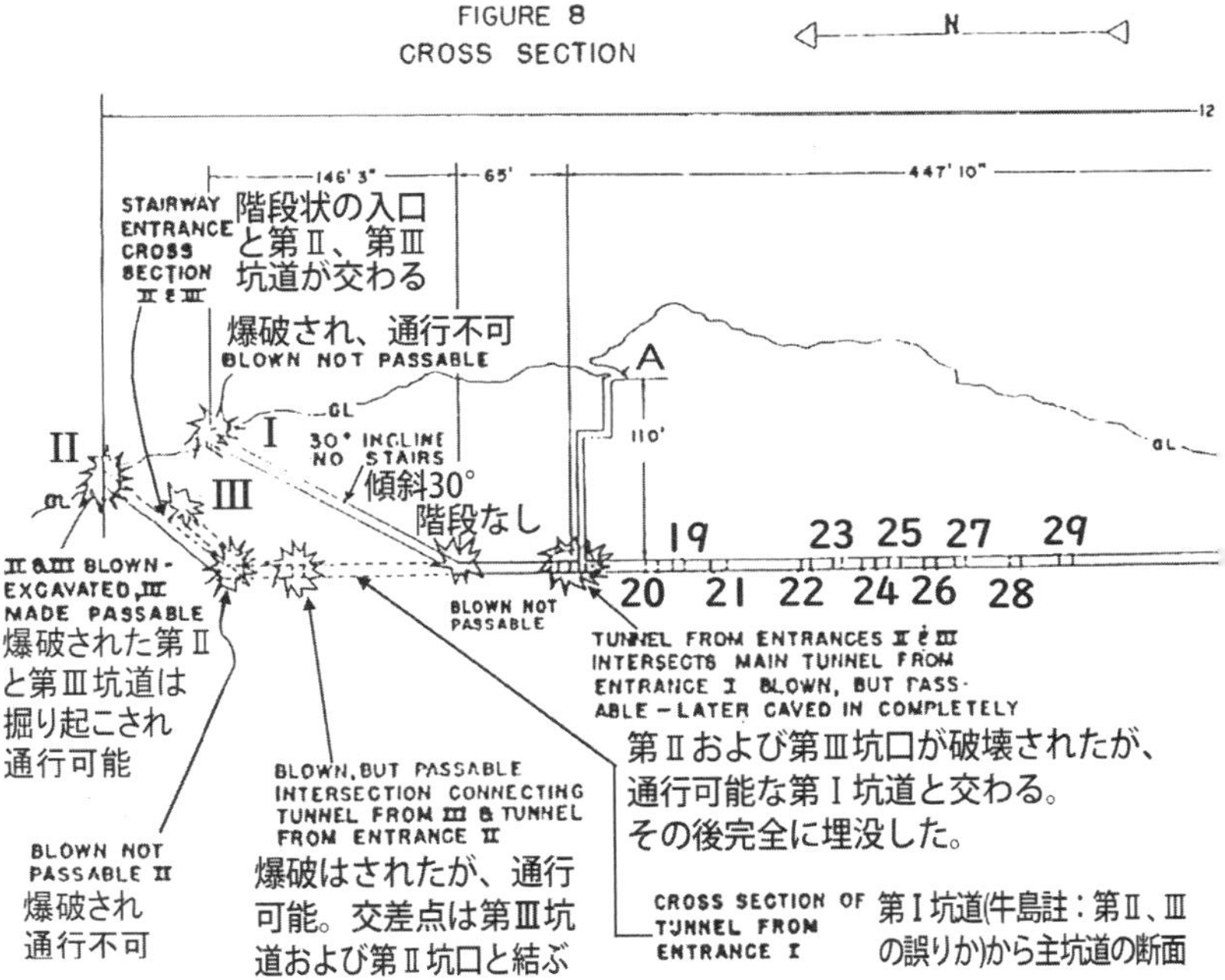

米軍情報報告書フィギュア7、フィギュア8について

※見やすくなるように「第32軍司令部　首里城」本文中のフィギュア番号、写真説明のポイント＃番号は、読みやすいように大きく打ち直した。一部の読みづらい文字も打ち直したり、移動したりした。

(1)フィギュア7「平面図」について

①翻訳は、2013(平成25)年度第32軍司令部壕対策事業業務委託報告書(日本工営)巻末資料54ページ［米軍資料］をもとに、一部を修正した。

②爆破箇所＝通行可能／爆破箇所＝通行不可能／砲兵隊壕／坑道の高さ、幅、長さは省略した。

④本図は1945年当時としては、画期的な正確さを持ったものであるが、

FIGURE 21
A closer view of Point # 4.

写真56　第3坑道と第2坑道の交差点（米軍情報報告書［フィギュア21　ポイント＃4の近影］米国公文書館所蔵）

FIGURE 22
Blown shoring. Leads to #II entrance taken from Point # 5.

写真57　日本軍の爆破で第2坑道の坑木（支保工）が吹き飛んでいる。ポイント＃5から撮影（米軍情報報告書［フィギュア22　爆破された支保工。ポイント＃5から撮影された第2坑口に通じる坑道］米国公文書館所蔵）

写真58　第2坑道の第32軍司令部作戦室で日本軍が残した書類を調査する米軍（米軍情報報告書［フィギュア23　第32軍司令部作戦室。ポイント＃4から、ポイント＃6に向かって撮影］米国公文書館所蔵）

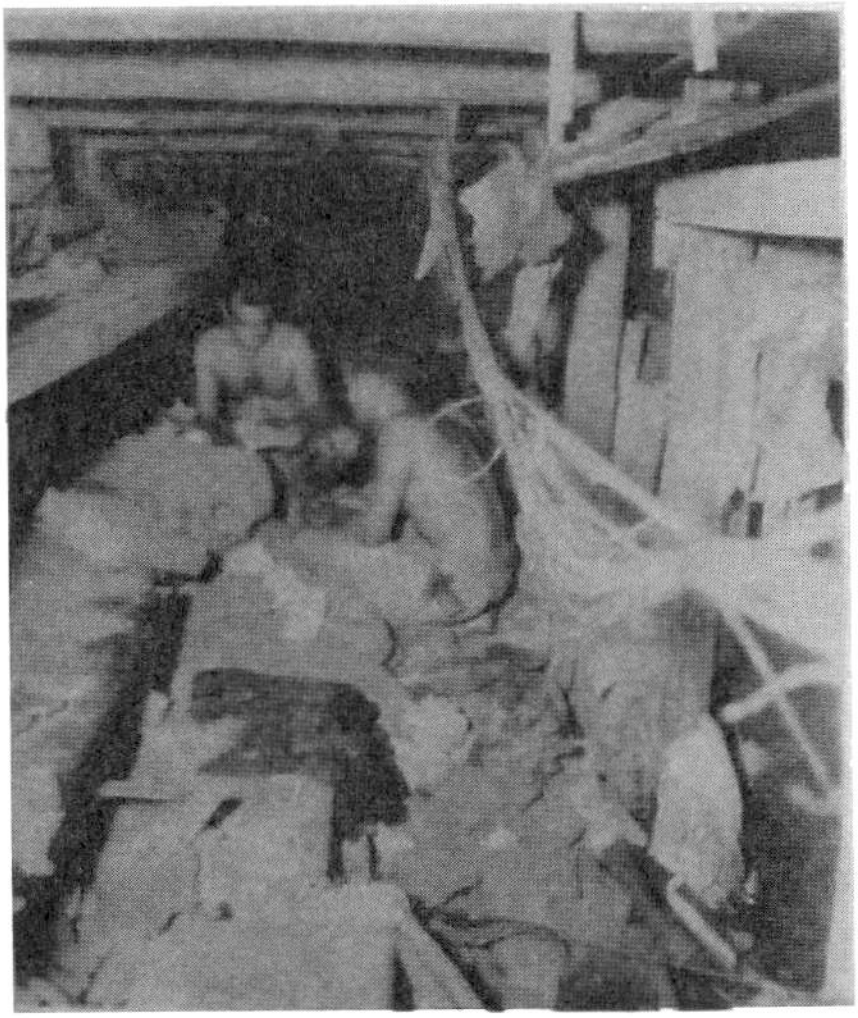

FIGURE 23
Operations office Thirty Second Army Headquarters Point #6 taken from Point # 4.

写真59　第2坑道の第32軍作戦室。この奥は第2坑口。米軍情報報告書［フィギュア24　第32軍作戦室。撤退のために破壊されているが通行は可能。ポイント＃6から、ポイント＃5に向かって撮影］米国公文書館所蔵

FIGURE 24
Operations office, Thirty Second Army, blown to rear but passable. Taken at Point #6, looking toward Point #5.

FIGURE 25
Blown area, once passable, leads to Commanding Generals 24th Division quarters, now completely caved in. Taken from foot of Shaft A toward Point # 12.

写真60　15メートルに及ぶ大規模な爆破部分で、第1坑道につながるが米軍も立ち入れなかった区域。（米軍情報報告書［フィギュア25　破壊された区域だが以前は通行可能。24師団司令部に通じるが今は完全に陥没している。ShaftA の足元から、ポイント＃12に向かって撮影］米国公文書館所蔵）

FIGURE 27
Spot behind boards where numerous documents were found. Points #17 and #18.

写真61　米軍は第32軍情報室と第24師団作戦室でボードの後ろから大量の文書を見つけた（米軍情報報告書［フィギュア27　多数の文書がボードの後ろから発見された場所。ポイント＃17と＃18］米国公文書館所蔵）

FIGURE 29
Blown section seen from Point #17 leads to exit # I.

写真62　第32軍情報室（ポイント＃17）から第1坑道を見る（米軍情報報告書［フィギュア29　ポイント＃17から爆破された第1坑口に通じる区間を見る］米国公文書館所蔵）

FIGURE 30
The main tunnel between Points #21 and #220.

写真63　司令部の中央部分。第1坑道は松の丸太で側面と天井が補強され、電線が通っていた。左は通路、右はベット（米軍情報報告書［フィギュア30　メイントンネル（第1坑道のポイント＃21と＃22の間）］米国公文書館所蔵）
※＃220は＃22の誤りか

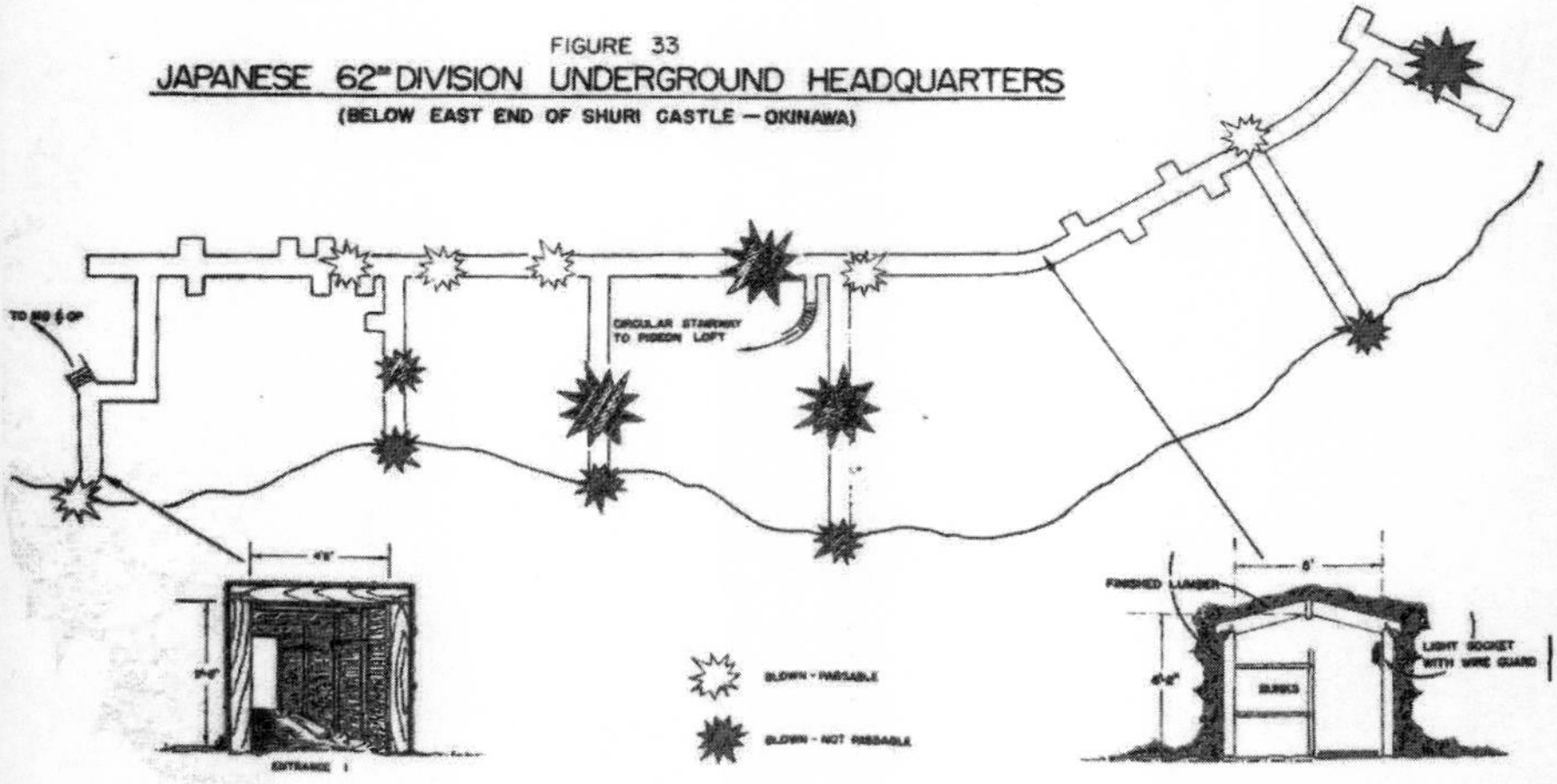

図20　米軍情報報告書［フィギュア33　日本軍　62師団地下司令部《沖縄－首里城東端の地下》］
米国公文書館所蔵

牛島満第 32 軍司令官＝略歴

1887	7 月 31 日東京に生まれる
1888	前年 1 月元薩摩藩士の父実満が死去したため、両親の郷里鹿児島に引き揚げ、移住する
1894	鹿児島県鹿児島市山下尋常小学校入学
1900	鹿児島県立第一鹿児島中学校入学
1901	熊本地方幼年学校入学。04 年卒業
1904	陸軍中央幼年学校入学。05 年卒業
1906	2 月現役兵科将校を養成する軍学校＝陸軍士官学校入学（20 期）
1908	陸軍士官学校卒業。12 月陸軍歩兵少尉
1913	12 月陸軍大学校入学（28 期）
1916	5 月陸軍大学校卒業
1917	9 月千葉歩兵学校教官
1918	7 月大尉
	8 月～ 19 年 8 月シベリア派遣軍野戦交通参謀（ウラジオストック）
1920	9 月千葉歩兵学校教官
1924	3 月少佐。歩兵第 43 連隊大隊長
1925	8 月近衛歩兵第 45 連隊付（鹿児島県立第一中学校配属将校）
1926	3 月歩兵第 23 連隊付。8 月中佐
1930	8 月下関要塞参謀
1931	8 月大佐。陸軍戸山学校教育部長
1932	3 月～ 36 年 3 月陸軍省高級副官
1936	3 月陸軍第 1 師団（東京）歩兵第 1 連隊隊長
	5 月北部満州（現中国東北部）に警備部隊として派遣
1937	3 月少将。歩兵第 6 師団第 36 旅団長（鹿児島）
	日中戦争（当時は「北支事変」「支那事変」）開始に伴い北京方面に出動
	北京西千軍台下馬嶺で蒋介石軍と戦闘（8 月～ 9 月）。正定城攻略戦・石家荘会戦（10 月）。杭州湾上陸（11 月）。南京城攻略戦（12 月）
1938	12 月予科士官学校幹事
1939	3 月予科士官学校校長。8 月から陸軍戸山学校校長兼務。8 月中将
	12 月第 11 師団長東部ソ連満州に派遣され、国境警備
1941	10 月関東軍の大隊長・中隊長等の軍学校＝公主嶺《こうしゅれい》学校長
1942	4 月陸軍士官学校長
1944	8 月第 32 軍司令官
1945	6 月 22 日午前 4 時半ごろ沖縄県糸満市摩文仁で自害
	6 月 20 日付で大将（内閣上奏は 7 月 23 日、陸軍省発表は 8 月 4 日）

牛島貞満（うしじま・さだみつ）

1953 年東京生まれ。2017 年 3 月まで東京都公立小学校教員。祖父は陸軍第 32 軍司令官だった牛島満中将。1994 年から沖縄で祖父について調べはじめ、2004 年より東京、沖縄で「牛島満と沖縄戦」をテーマに授業を行ってきた。さらに沖縄の基地問題について、1959 年の宮森小学校米軍ジェット機墜落事件、2004 年沖縄国際大学米軍ヘリ墜落事件について調査し、基地被害の実態を伝える授業や講演を続けている。また首里城の地下にあった第 32 軍首里司令部壕について、関係者への取材や米軍資料などの調査を行っている。現在、沖縄観光コンベンションビューローの沖縄修学旅行事前・事後学習支援アドバイザーなどの講師や平和ガイドを務めている。

首里城地下 第32軍司令部壕

●二〇二一年一二月一五日――――第一刷発行
●二〇二三年一〇月一〇日――――第二刷発行

著　者／**牛島貞満**

発行所／株式会社 **高文研**
東京都千代田区神田猿楽町二―一―八
三恵ビル（〒一〇一＝〇〇六四）
電話　03＝3295＝3415
振替　00160＝6＝18956
https://www.koubunken.co.jp

印刷・製本／三省堂印刷株式会社

★万一、乱丁・落丁があったときは、送料当方負担でお取り替えいたします。

ISBN978-4-87498-778-0　C0036